Krimhild Stöver

Leben und Wirken der Fanny Lewald

Krimhild Stöver

Leben und Wirken der Fanny Lewald

Grenzen und Möglichkeiten einer Schriftstellerin im gesellschaftlichen Kontext des 19. Jahrhunderts

Stöver, Krimhild:
Leben und Wirken der Fanny Lewald. Grenzen und Möglichkeiten einer Schriftstellerin im gesellschaftlichen Kontext des 19. Jahrhunderts.

1. Auflage 2004 | 2. unv. Auflage 2013
ISBN: 978-3-86815-578-5
© IGEL Verlag Literatur & Wissenschaft, Hamburg, 2013
Alle Rechte vorbehalten.
www.igelverlag.com

Umschlagbild: Fanny Lewald 1846, Gemälde von Elisabeth Baumann-Jerichau
Printed in Germany

Igel Verlag Literatur & Wissenschaft ist ein Imprint der Diplomica Verlag GmbH
Hermannstal 119 k, 22119 Hamburg
Printed in Germany

Die Deutsche Bibliothek verzeichnet diesen Titel in der Deutschen Nationalbibliografie.
Bibliografische Daten sind unter http://dnb.d-nb.de verfügbar.

Inhalt

Einleitung 6

**1.0. Die Lebenssituation der
bürgerlichen Frauen im 19. Jahrhundert** 7
1.1. Der Geschlechtscharakter der
bürgerlichen Frau – ein Konstrukt? 10
1.2. Die Mädchenbildung und das Geschlechterverhältnis 13

Exkurs: Die Mädchenbildung und -beschäftigung in Oldenburg 16

2.0. Öffentlichkeit im 19. Jahrhundert 20
2.1. Bürgerliche und literarische Öffentlichkeit 24
2.2. Künstlerinnen und Schriftstellerinnen in der Öffentlichkeit 26

3.0. Autobiographische Aspekte 33
3.1. Fanny Lewald in ihrer Zeit 52
3.2. Die ersten Romane 55
3.3. Das Elternhaus 61
3.4. Selbstverständnis als Schriftstellerin und als Frau? 67
3.5. Ihr Berliner Salon als Besonderheit 75
3.6. Die Frage der Mutterschaft und Ehe 83
3.7. Zäsur und Kontinuität im Werk 85
3.8. Ihre Ehe mit Adolf Stahr – gemeinsame literarische Arbeit 90
3.9. Am Ende Resignation? 102

4.0. Die Öffentlichkeit im Leben der Fanny Lewald 109
4.1. Öffentlichkeit und Leben als Schriftstellerin 112
4.2. Politische Aktivitäten und öffentliche Resonanz 115
4.3. Ihr Bild in der Öffentlichkeit zu Lebzeiten und nach dem Tod.. 117

5.0. Die veränderte Situation im 20. Jahrhundert 120

Sigleverzeichnis 122
Literaturverzeichnis 122
Gästeliste des Salons Lewald-Stahr 128
Straßenverzeichnis der Berliner Salons 133

Einleitung

Meine Untersuchung behandelt die Möglichkeiten von Frauen, im 19. Jahrhundert mit eigener, schriftstellerischer bzw. künstlerischer Arbeit an die Öffentlichkeit zu treten. Exemplarisch wähle ich die aus Königsberg stammende, in Berlin ansässig gewesene jüdische Schriftstellerin Fanny Lewald (1811-1889) aus.

1843 veröffentlichte sie - noch anonym - ihre ersten beiden Romane. Von da an brachte sie etwa alle zwei Jahre einen neuen Roman heraus. Ihre zahlreichen Reisen schlugen sich ab 1847 in gedruckten Reiseerinnerungen nieder. In Kalendern, Zeitschriften und Zeitungen erschienen gleichzeitig Novellen und Erzählungen sowie fiktive Briefe und Feuilletons, die zumeist die Lage der bürgerlichen Frauen betrafen. Ein umfangreiches belletristisches Werk entstand, an dem sie bis in ihre letzten Jahre tätig war, neben zahlreichen Schriften zur Frauenemanzipation.

Ihre 1860/61 erschienene „Lebensgeschichte" gibt Aufschluß über ihre Familie und ihre Erziehung, eingebunden in die gesellschaftlichen Bedingungen des bürgerlichen Zeitalters, das für eine Schriftstellerinnenkarriere, wie sie Fanny Lewald glückte, nicht im geringsten förderliche Voraussetzungen bereithielt.

Es stellt sich die Frage, wie Fanny Lewald die Öffentlichkeit, die den Frauen im vergangenen Jahrhundert eigentlich verschlossen war, eroberte. Und wie reagierte die Öffentlichkeit auf die Schriftstellerin Fanny Lewald?

1.0. Die Lebenssituation der bürgerlichen Frauen im 19. Jahrhundert

Das „Bürgertum" zu definieren, erweist sich als äußerst schwierig, während es nicht an Charakteristika mangelt, die „Bürgerlichkeit" zu beschreiben. „Bürgerlichkeit" ist identisch mit einem Tugendkatalog von Fleiß, Sparsamkeit, Ordnung, Strenge - gepaart mit „Gerechtigkeit und Redlichkeit" im Sinne Max Webers.[1] Die Mittelschicht, die Schicht zwischen Adel und bäuerlicher Lebenswelt, versuchte, im Bemühen aufzusteigen, diesen Tugendkatalog „ins Allgemein-Menschliche zu erweitern". (Vierhaus In: Kocka, S. 64) Vielleicht haftete deswegen dem aufstrebenden Bürgertum immer etwas Angestrengtes an. Des Mangels an Gewandtheit aber im Verkehr mit dem Adel war sich die gebildete bürgerliche Oberschicht übrigens Ende des 18. Jahrhunderts noch durchaus bewußt.

Um das Selbstwertgefühl des Bürgertums zu stärken, entstanden zu Beginn des 19. Jahrhunderts zahlreiche pädagogische Schriften, getragen von beträchtlichem Erziehungsoptimismus. Und auffällig waren die Tendenzen, häusliche Tugenden auf öffentliche Funktionen zu übertragen nach dem herrschenden Prinzip, durch eigenen Lebensstil und Selbstbewußtsein zu prägen und zu überzeugen. Die einflußreichste der aufsteigenden Gruppen bildeten die „Gelehrten", d. h. akademisch gebildete Beamte, Professoren, Pfarrer, Gymnasiallehrer, Juristen und Ärzte. Sie nutzten gleichzeitig den expandierenden Buchmarkt, um dort ihre Wertvorstellungen auf den Gebieten der Moral, der Politik, des Geschmacks zu formulieren und mit der Aufforderung zu öffentlicher Diskussion und freier Meinungsäußerung einen Prozeß des Lehrens und Lernens einzuleiten.

Das „neue" Bürgertum engagierte sich darüber hinaus in „gemeinnützigen" Vereinen, die sich mit politischen, pädagogischen, sozialen, ökonomischen, wissenschaftlichen und technischen Zeitproblemen befaßten. Sie kauften aufklärerische Bücher oder Journale und traten Lesegesellschaften bei. Frauen hatten nur zu wenigen Lesegesellschaften Zutritt. Musikgesellschaften waren, wenn überhaupt, für Frauen nur in

---

1 Max Weber: Die protestantische Ethik und der Geist des Kapitalismus. 1904/05.

Begleitung ihrer Männer zugänglich. Öffentliche Konzerte schienen eine Ausnahme zu sein, da „rechnete es sich eine Gesellschaft zur Ehre an", wenn „Damen im Publikum saßen". Die ersten Museumsgesellschaften waren ausdrücklich „Vereinigungen gebildeter Männer", und in Frankfurt holte man 1808 elf Gutachten ein zu der Frage, „ob den Frauenzimmern der Eintritt ins Museum zu gestatten sey." (Frevert, S. 35) Obwohl das Bürgertum anfangs in seiner politischen Macht eingeschränkt war, „existierte auch im Zeitalter der Restauration trotz Pressezensur und Demagogenverfolgung eine bürgerliche Öffentlichkeit, die gerade wegen der verordneten politischen Abstinenz besonders bunt und vielgestaltig war." (Ebd., S. 66)

Ernst Fischer dokumentiert, daß 1800 die Zahl der Schriftsteller und Schriftstellerinnen von 2000-3000 (1766) auf über 10.000 gestiegen war. Es gab zunächst kaum freiberufliche, sie waren fast ausschließlich Nebenerwerbsautoren und -autorinnen. 1800 wurde schon das Problem der Überproduktion im Hinblick auf die „Romanen- und Schauspielfabriken" beklagt und auf die allerorten sich bildenden Lesegesellschaften sowie Leihbibliotheken verwiesen. (Fischer, S. 429) Bis zum Beginn des 19. Jahrhunderts stieg die Zahl der Neuerscheinungen und Übersetzungen von 5000 (1780) auf 7000. Bei radikalem Rückgang lateinsprachiger oder theologischer Bücher, die das voraufgehende Jahrhundert bestimmt hatten, fanden sich neue Leserschichten für die sogenannte „angenehme Lektüre" der Romane, der Komödien und der „Frauenzimmerliteratur".

Im Hinblick auf das Publikum entstand für die Schriftsteller und Schriftstellerinnen eine bisher nicht dagewesene Motivation: sie schrieben für das aufsteigende Bürgertum, waren „Fürsprecher und Lehrmeister" (Hauser, S. 638f.) für eine bis dahin unterdrückte Klasse. Diese geistige Ausgangsposition in Verbindung mit einer gleichsam vertrauten Nähe, wann hatte es das je in der Beziehung zwischen Schriftsteller und Publikum gegeben? Über den Umweg der Literatur gelang es Frauen, „in die traditionelle Männerdomäne des politischen und sozialen Lebens einzubrechen." (Brinker-Gabler, 1988, S. 87) Zunächst ließen die Männer sie gewähren, tolerierten Lebensberichte, solange sie den allgemeinen Vorstellungen von Sittsamkeit entsprachen oder gar romantisch waren. Zunehmend jedoch äußerten sich die Frauen in Vorträgen, Pamphleten, Verteidigungsschriften und Zeitungsartikeln zu aktuellen Themen oder bezogen Stellung zur Rolle der Frau in der gegenwärtigen Gesellschaft. Da erst wuchs der Argwohn, daß die etablierte Ordnung der Geschlechter in Gefahr geriete. Die Männer befürchteten, die engagierten Schriftstellerinnen könnten ihre Geschlechtsgenossinnen dazu überreden, aus dem „den Frauen zugewiesenen Raum von Familie und Haushalt auszubrechen." (Ebd.) An Beispielen bekannter Schriftstellerinnen wird im folgenden noch deutlich werden, wie sich schließlich zahlreiche Frauen mit Rücksicht auf die gesellschaftlichen Konventionen, die genau festlegten, was sich für eine (bürgerliche) Frau schickte oder nicht, in künstlerischer Hinsicht erhebliche Beschränkungen auferlegten und bereit waren, Selbstzensur auszuüben.[2]

Bildung wurde, neben der Geburt, zum Kriterium des sozialen Status'. Während jedoch die Bürgersöhne Berufskarrieren - auch akademische - anstrebten, die ihnen ein ausreichendes Einkommen und politische Einflußmöglichkeiten boten, verlief die Schulbildung der Bürgertöchter auf der untersten Ebene. Die Alphabetisierung war durch die Aufklärung und einen selbstbewußten Protestantismus zwar vorangeschritten, doch geriet sie in der ersten Hälfte des 19. Jahrhunderts bereits ins Stocken, d. h. Mädchen durften nur Elementarkenntnisse - bis zum 8. Lebensjahr - an Volks- oder Mittelschulen bzw. an entsprechenden Privatschulen erwerben. Bis zu ihrem 14. oder 16. Lebensjahr kam, je nach ihren finanziellen oder den örtlichen Möglichkeiten, Unterricht auf Privatschulen in Frage. Mädchenoberschulen entstanden institutionell in Preußen erst 1872, zuerst in Berlin. Das Abitur, als Voraussetzung für ein Universitätsstudium, konnten Frauen in Deutschland erst ab 1900 ablegen.

---

2 Sophie La Roche (1730-1807) war die erste deutsche professionelle Schriftstellerin, die sich wegen gesellschaftlicher und familiärer Verpflichtungen vielerlei Beschränkungen auferlegen mußte. Sie war die Großmutter und Erzieherin Bettina von Arnims.

1.1. Der Geschlechtscharakter der bürgerlichen Frau - ein Konstrukt?

Der gebildete Bürger hatte ohnehin an einem gelehrten Frauenzimmer kein Interesse, seine Glücksvorstellungen zentrierten um des Weibes „schöne Seele", die „nichts für sich selbst, aber alles für andere" ist. (Duden, S. 137) Bereits Ende des 18. Jahrhunderts hatte sich ein spezifischer Geschlechtscharakter der Frau herausgebildet, wozu die Literatur, insbesondere die Weimarer Klassik, nicht unwesentlich beigetragen hatte. Sie prägte idealtypische Bilder von dem häuslichen Raum, den die Frau mit Harmonie und Schönheit zu erfüllen bestimmt sei, der ihr Schutz biete und sie gleichzeitig nach außen abschirme gegen die Rivalitäten und Ränke, denen die Bürger - ihre Väter, Gatten und Brüder - ausgeliefert waren. Ein ernstzunehmender Beweggrund für die „abschirmende Privatheit in der Familie" waren existentielle Unsicherheiten, die die beginnende Mobilität in der Gesellschaft heraufbeschworen hatte. Die soziale Herkunft, die bisher die Zugehörigkeit zu einer bestimmten Schicht geregelt hatte, begann ihre „reglementierende Funktion" zu verlieren. (Corbin, S. 76) In der Zeit permanenter Umwälzungen „erwies sich das Problem der Aggression nur als ein weiterer, wenn auch unvergleichlich wichtiger Grund zu Verwirrung, Bedenklichkeit - und Streit." (Gay, S. 11f.)

„Die ‚Innenarchitektur' des familialen Binnenraumes bedarf auch der Frau als Einrichtungsgegenstand, und hier liegt der Ursprung ihrer idealischen Überhöhung. Sie soll sich nun zugleich harmonisierend, liebend und triebverzichtend ihrem Mann zuwenden. Ihr Bild wird psychisch umgebaut." (Duden, S. 133) Gleichermaßen leistete die Malerei in der ersten Hälfte des 19. Jahrhunderts mit stimmungsvollen Interieurbildern ihren Beitrag, um den Geschlechtscharakter der Frau in der sie umgebenden häuslichen Kultur zu veranschaulichen und eine scheinbare „Akzeptierung des häuslichen Aufgabenbereichs und die Rollenkonformität der Frau" vorzuführen. (Spickernagel, 1985, S. 5) Den gewünschten Frauentypus der gehobenen Kreise schildert die Salonniére Rahel Varnhagen folgendermaßen: „Alleweil lustig und verständig, eine vollkommene Köchin, die zugleich Piano spielt, eine erfahrene „Einmacherin", zugleich perfekt in Englisch und möglichst noch in Italienisch, ausschließlich beschäftigt mit kleinen Ausgaben und Einrichtungen, die sich nach der Männer Stand beziehen müssen." (zit .n.: Stern, S. 225)

Nach wie vor hatten die bürgerlichen Frauen ihre Arbeit zu bewältigen, aber zudem sollten sie selbst in ihrer Arbeit - in ihrem häuslichen Walten - ein reizendes Bild abgeben. Die zierlichsten Handarbeiten führten sie aus, kunstvoll in ihrer Art und hoch angesehen als „weibliche Kunst", jedoch im Gegensatz zur bezahlten (künstlerischen) Arbeit der Männer war es üblich, sie unter Freunden der Familie zu verschenken. „Diesen Gegenständen einer weiblichen Ästhetik", schreibt Ellen Spickernagel, „fehlt der höhere Zweck ... Sie sind ein beredtes Zeugnis dafür, daß die bürgerliche Hausfrau von Studium und Beruf, von Kunst und Wissenschaft weitgehend ausgeschlossen war." (Spickernagel, 1985, S. 12) Mit den Übereinstimmungen zwischen sich und den Dingen in ihrem Innenraum verstärkte sich die Bindung der Frau an das Haus, wogegen der Mann in den Gegenständen des Wohnzimmers - denkt man an die typischen biedermeierlichen Gegenstände wie Topfblume, Vogelbauer, Kleinskulptur, Freundschaftsbildchen - wenig Identifikationsmöglichkeiten fand. Die Geschlechtscharaktere wurden so in ihrer Gegensätzlichkeit manifestiert.

Häusliche Zurückgezogenheit ging einher mit der wachsenden Entmündigung der Frau im öffentlichen Leben, d. h. die Frauen hatten kaum Möglichkeiten, in ihrer Abgeschiedenheit an der bürgerlichen Öffentlichkeit teilzunehmen. Alle finanziellen Angelegenheiten, alle geschäftlichen Abschlüsse hatte laut Gesetz für die Frau ihr Ehemann und für die Tochter ihr Vater abzuwickeln. Im übrigen war es den Frauen der bürgerlichen Klasse verwehrt, bezahlte Arbeit außer Haus anzunehmen, wollten sie nicht ihre gesamte Familie bloßstellen. Und selbst wenn die Familien Not litten, weil sich beispielsweise zu viele unverheiratete Töchter im Haushalt befanden, versuchten sie, nach außen den Schein gewisser Wohlhabenheit zu wahren. Daß Hohlheit und Doppelmoral dabei an der Tagesordnung waren, versteht sich von selbst.

Die Geschlechtscharaktere von Mann und Frau etablierten sich indessen und förderten eine „Ideologie der Komplementarität" (Knapp, S. 13) Die Dichotomie des Frauen- und Männerbildes zeigte sich schließlich im Laufe des 19. Jahrhunderts darin, daß die Möglichkeiten eines emotionalen Rollentausches verwehrt wurden: Die Frau erhielt das Monopol auf Tränen, Leidensausbrüche, Ohnmachten, nervöse Anfälle und Unwohlsein, der Mann hatte kriegerische Männlichkeit und Härte aufzuweisen. Demgegenüber finden sich in Tagebüchern und Briefen des 19. Jahrhunderts Hinweise auf Frauen, die ihre Männer mit diesen Mitteln beherrschen: „mit Hilfe einer bunten Palette von Techniken, zu denen Tränen, hysterische Anfälle und demonstrative Ohnmachtsanfälle gehören" (Gay, S. 367), üben sie bewußt und energisch Terror aus. Offenbar aber paßte dies nicht in das Bild. „Der Mangel an Selbstkontrolle war ein Beweis der Zerbrechlichkeit der Frau, rechtfertigte das Mitleid: dieses zwiespältige Gefühl assoziierte die Frau mit dem Unreifen oder Hilflosen." (Corbin, S. 75) Die biedermeierliche Kultur legitimierte die Macht und Autorität des Mannes auf subtile Weise und schuf durch den Anschein von Gleichwertigkeit, Gleichwirklichkeit und Gleichrangigkeit der Frau im Binnenraum ihrer Familie eine deutliche Asymmetrie der Geschlechter.

1.2. Die Mädchenbildung und das Geschlechterverhältnis

„Ebenso wie Energie, Freude an der Arbeit, Ehrgeiz, Roheit und Genußsucht Resultate der männlichen Erziehung sind, so sind Sentimentalität, Furchtsamkeit, Mangel an Denk- und Körperkraft Resultate der weiblichen Erziehung", schreibt Hedwig Dohm,[3] und polemisierend fährt sie fort: „Was scheltet ihr jene Mädchen, die an nichts Freude haben, als an Bällen, Festen, Putz und Theater? Haben sie nicht recht? Bieten nicht in der That Tanz, Theater und die Toilettenfrage immer noch mehr Anregung für Geist, Herz und Phantasie als Clavierklimpern, Staub wischen, Tapisserie sticken, Wasser auf Thee gießen und die Überwachung des Schlüsselkörbchens? Denn das sind Beschäftigungen, die jungen Mädchen aus wohlhabenden Familien zufallen ... Wie kommt ihr dazu," fragt sie ihre Zeitgenossinnen, „von ihnen (den älteren, ledigen Frauen, Anm. d. Verf.) liebliche Gefühle, zärtliches Wohlwollen und lächelnde Gesichter zu verlangen, für eine Gesellschaft, die sie schuldlos zu einem unfruchtbaren Elend verdammt, zum Sterben im Leben." (zit. n.: Brinker-Gabler, 1978, S. 42ff.) Eine ungenügende Schulbildung, als „Mädchenerziehung" apostrophiert, und die Aussichtslosigkeit, einen Beruf ausüben zu können, d. h. selbständige Existenzmöglichkeiten zu bekommen, lassen die meisten bürgerlichen Mädchen ausharren, bis sie die „passende Partie" finden oder „unter die Haube kommen".

Wie sah die Schulbildung für Mädchen damals aus? Obwohl man hinsichtlich der Mädchenerziehung zahlreiche Bedenken hatte, z. B. daß der Schulbesuch gesundheitsschädlich und gefährlich sei, wurden Mädchenschulen und -pensionate zu Beginn des 19. Jahrhunderts in den deutschen Ländern nach und nach eingeführt, um Fortschrittlichkeit bis zu einem gewissen Grad zu dokumentieren. Zuerst vor allem konfessionell betrieben, gelangten sie mit der Säkularisierung der Klöster in Privathand, und später wurden sie staatlich verwaltet. Anders als die Knabenschulen, deren Lehrplan sich auf die Befähigung zum wis-

---

3 Hedwig Dohm (1813-1919), Fabrikantentochter, Lehrerinnenausbildung, Dramatikerin, Erzählerin, Essayistin, Veröffentlichungen zur Frauenfrage, Pazifistin. Ehemann war Mitarbeiter und später Chefredakteur der satirischen Berliner Zeitschrift „Kladderadatsch".

senschaftlichen Studium ausrichtete, wurde als selbstverständlich angenommen, daß Mädchen Gattinnen, Hausfrauen und Mütter wurden. Darum ist es nicht verwunderlich, wenn der Lehrplan einer Mädchenschule von 1836 offiziell folgenden Zusatz erhielt: „Nur sei aller Unterricht für Mädchen in allem diesem (Technologie, Physik, Chemie, Anthropologie, Geschichte, Mythologie, Anm. d. Verf.) nicht strenge wissenschaftlich, sondern mehr in das Leben eingehend."[4] In Mädchenschulen sollte gleichzeitig Charakterbildung für Haushalt und Mütterlichkeit stattfinden, daher die Ausgestaltung dieser Institutionen zu einem freundlichen Milieu.

Mädchen, die in häuslichen Dienst traten, waren vom 12. bis 16. Lebensjahr - z. B. in Bayern - schulpflichtig. Oft jedoch lag den Dienstherrschaften mehr an der Arbeitskraft des Mädchens als an deren Ausbildung, so daß die Schulzeit abgebrochen wurde. Die Töchter des Bürgertums wurden für das Leben ihrer Gesellschaftsschicht vorbereitet, wobei das Erlernen von Sprachen, zumindest des Französischen, einen hohen Stellenwert hatte. In allen Schulformen nahm die Religion in der Mädchenerziehung einen zentralen Platz ein.

Der Forderung, Frauen mögen die Mädchen unterrichten - was jedenfalls schon frühzeitig zu einer geregelten und qualifizierten Lehrerinnenausbildung geführt hätte - wurde selten stattgegeben. Das Argument für weibliches Lehrpersonal an Mädchenschulen lautete z. B. 1807 folgendermaßen: „Diese weiß jene Gefühle am besten zu entwickkeln, denn sie trägt sie selbst in ihrem Busen. Sie kann daher den Mädchen ihre Leidenschaften mehr bezähmen, ihre edlen Gefühle mehr zur reinsten Tugend bilden, als ein Lehrer, der nur aus Büchern weibliche Delikatesse kennt."[5]

In der Praxis wurde die Erziehung an Töchterschulen zum großen Teil von männlichen Lehrpersonen geleistet. Jedenfalls war es an Töchterschulen immerhin schon möglich, „über Frauenberufe, wenn

---

4   F. H. C. Schwarz: Grundsätze der Tochtererziehung für den Gebildeten. Jena 1836, In: I. Wychgram: Geschichte des höheren Mädchenschulwesens in Deutschland und Frankreich, o. J., zit. n.: Brehmer, S. 207.
5   Stadt AM-RA: Nr. 14542/1, Nymphenburgisches weibliches Erziehungsinstitut, Schriftliche Beantwortung und Ausarbeitung folgender Prüfungsfragen (bey Lehramtskandidatin Kreszens Rapp), den 16.10.1807, zit. n.: Brehmer, S. 210.

auch nur in einem engeren Sinn, zu sprechen." Dort waren doch erste Spuren der gleichberechtigten Erziehung für Mädchen und Knaben vorhanden. Für manche bedeutete das allerdings, besonders angesichts hoher Kinderzahlen, einen finanziellen Aufwand, den sie nur unter großen Opfern leisten konnten. Die Frauenbildung und -ausbildung ging u. a. auch deshalb voran, weil durch Bevölkerungszuwachs und einen erheblichen Frauenüberschuß die alleinstehenden (d. h. die unverheirateten) Frauen einerseits in einer bisher nie dagewesenen Form unausgelastet waren und durch Geldmangel auf außerhäusliche Erwerbstätigkeit angewiesen. Zum Beispiel waren 1867 in Bremen nur 48,5 % der Frauen verheiratet, in Preußen waren es 1863 rund 50 %.

Der folgende Exkurs wird gemacht, weil Adolf Stahr, bevor er Fanny Lewald begegnete, im oldenburgischen Schulwesen tätig war. Außerdem prägten Oldenburger Verhältnisse die Kindheit von Helene Lange, die wie Fanny Lewald der Frauenbewegung eigene Impulse verlieh, und zwar nicht als Schriftstellerin, sondern als Pädagogin.[6]

---

6 Helene Lange (1848-1930), entstammte einer Oldenburger Kaufmannsfamilie, Haustochter im Elsaß, Lehrerinnenexamen in Berlin, Herausgeberin der Monatsschrift „Die Frau" (bis 1944), engagiert in der Verbesserung der Mädchenbildung.

Exkurs: Die Mädchenbildung und -beschäftigung in Oldenburg

Von den 1082 beschäftigten Dienstboten in der Stadt waren 1861 rund 1000 Mädchen und Frauen (ca. 93 %), bei einer Einwohnerzahl von ca. 12.000. Diese im allgemeinen als „Mädchen für alles" Angestellten verdienten bei freier Kost und Logis 15 Taler jährlich, das war knapp halb soviel wie ihre männlichen Kollegen. Das Dienstbotenproblem, d. h. die schamlose Ausnutzung des Personals bei minimaler Entlohnung, war auch in anderen Städten an der Tagesordnung und gehörte zu den sozialen, die Lage der Frauen betreffenden Themen, für die sich Fanny Lewald in Feuilletons einsetzte.

Die Ammen dagegen verdienten jährlich ca. 30 Taler. (Beckmann u. a., S. 33) In den Jahren 1867-82 stieg der Anteil der Fabrikarbeiterschaft (einschließlich der Hausindustrien und kleineren Werkstätten) von 5 % auf 9 %, das betraf besonders die Industriezweige Textilindustrie, Nahrungs- und Genußmittel und Reinigung.

1858 entstand am Rand Oldenburgs eine Warpspinnerei, schon ein Jahr später waren unter den 195 Beschäftigten 98 Frauen, 1879 waren unter 384 Beschäftigten schon 214 Frauen, also etwa zwei Drittel. (Ebd., S. 38)

Verfolgt man die Schulsituation in der Stadt Oldenburg, lassen sich bereits differenzierte Systeme erkennen, klassenspezifisch gestuft und auch rivalisierend. Seit 1833 gab es die Kleinkinderbewahrschule für Kinder vom 2. bis 5. Lebensjahr, deren Mütter sie morgens ablieferten und, nach ihrer etwa 13stündigen Arbeit, am Abend wieder abholten. Täglich einmal wurden die dortigen Verhältnisse durch eine Dame des Frauenvereins kontrolliert und die Eltern gegebenenfalls ermahnt. Diese Kinder besuchten anschließend die Armenschule. Dort erhielten sie neben Religion nur den elementarsten Unterricht im Schreiben, Lesen und Rechnen. „Durch mehr Wissen wurde befürchtet, könnten die Ansprüche steigen, und bei Dienstboten dazu führen, daß sie nicht mehr bereit seien, ‚sich jeder Arbeit anzunehmen', oder daß sie gar Ansprüche entwickeln könnten hinsichtlich Kleidung, ‚Putz' und ähnlichen Dingen, die den ‚höheren Classen' entlehnt seien."[7]

---

7 Claussen, Martin: „Über Verminderung der Armen", In: Oldenburgische Blätter, Jahrgang 1826, Nr. 40, S. 313ff.

Vorwiegend für die Aufnahme von Kindern aus der Mittel- und Oberschicht existierte die bereits 1747 gegründete Freischule oder Ekkardtsche Schule, die „nach dem Statut vorzüglich auf Töchter der gebildeten Klassen der Einwohner Oldenburgs vom 4. bis 15. Jahre berechnet und in drei Klassen geteilt (war). Indessen können Knaben vom 4. bis 8. Jahre teilnehmen an dem Elementarunterrichte." (Beckmann, S. 16)

1808 eröffnete Gymnasialdirektor Ricklefs gemeinsam mit Lehrerkollegen aus dem Gymnasium das erste als „Töchterschule" bezeichnete (private) Institut, Lesen- und Schreibenkönnen waren Aufnahmebedingung. Die Maxime seiner Mädchenerziehung umreißt Herr Ricklefs wie folgt: „Das Weib soll ausgebildet werden seiner Bestimmung gemäß. Der Mann ist für das öffentliche, das Weib für das häusliche Leben bestimmt ... Das Weib, auf eine engere Sphäre beschränkt, soll dem Mann eine liebevolle, theilnehmende Freundin, eine verständige Hausfrau, ihren Kindern eine zärtliche, sorgsame Mutter und eine weise Erzieherin seyn. Denn der Mann muß von seiner Gattin die Befriedigung aller kleinen Bedürfnisse, die Vorsorge für seine Bequemlichkeit, seine Pflege, seine Aufheiterung und Erholung durch Bereitung häuslicher Freuden bey weiser Sparsamkeit ... erwarten."[8] (zit. n.: Beckmann, S. 17)

In der Zeit konnte sich der Unterricht einer Zehnjährigen an dieser Schule wie folgt zusammensetzen: „Montags, dienstags, donnerstags und freitags fand der Unterricht vormittags von 8 bis 10 Uhr statt. Mittwochs und samstags dagegen nur an den Vormittagen von 8 bis 11 Uhr. Die Schulstunden bestanden aus ‚Stylübungen und historischem Unterricht', Geographie, Religion, Orthographie und Naturgeschichte, Physik, Schreiben und Rechnen. Der Kupferstecher Michelis unterrichtete Zeichnen und seine Frau weibliche Handarbeiten; es kam noch eine zweite Lehrerin hinzu, die Französisch und Englisch unterrichtete. Die anderen Fächer erteilten Lehrer des Gymnasiums." (Ebd., S. 17)

1836 entstand eine weitere Mädchenschule, die „Cäcilienschule", eine „Privatanstalt mit weiblicher Aufsicht". Herzogin Cäcilie als Protektorin eröffnete die Schule, eine Stiftung der herzoglichen Familie. Um

---

8 Fr. R. Ricklefs: Nachricht von der gegenwärtigen Einrichtung der Töchterschule in Oldenburg. Oldenburg 1808, S. 14f.

den weiblichen Einfluß weiterhin zu gewährleisten, führte sie die Oberaufsicht, erschien fast wöchentlich zur Inspektion und nahm Einblick in die Leistungen von Schülerinnen und Lehrpersonen sowie deren Pünktlichkeit und Betragen bzw. Dienstführung. (Ebd., S. 19) Die Direktion der Schule lag in männlicher Hand. Die finanziellen Mittel der Schule reichten etwa 20 Jahre.

Inzwischen gab es die private Schule der Mathilde Lasius und die Krusesche Anstalt, die z. B. die bereits erwähnte Helene Lange von 1854-1863 besuchte. Nach verschiedenen Eingaben der Bürger - über Jahre hinweg - wurden bestehende Fonds der alten Cäcilienschule mit bestimmten Auflagen, z. B. den Namen „Cäcilienschule" wieder aufzunehmen, der Stadt überlassen. Und somit konnte zu Ostern 1867 die erste öffentliche Mädchenschule Oldenburgs unter der Leitung des gewählten Rektors Wöbcken eröffnet werden. Direktor Wöbcken beschreibt seine Auffassung von Mädchenerziehung folgendermaßen: „Die höhere Mädchenschule hat das mit der Volksschule gemein, daß der Unterricht in der Religion und im Deutschen, als den in hervorragender Weise Gemüt und Charakter bildenden Fächern, den Mittelpunkt des gesamten Unterrichts bildet."[9] (zit. n.: Ebd., S. 20)

Die meisten Mädchen verließen die höhere Töchterschule gleich nach der Konfirmation mit 14 oder 15 Jahren. In der letzten Klasse, die die erste genannt wurde, verblieben von z. B. 36 Schülerinnen nur noch 15. Die Berufsausbildung und -tätigkeit der bürgerlichen Frauen beschränkte sich auf Lehrerinnen, Krankenpflegerinnen und Hausangestellte. In allen drei Berufen waren die Verdienstmöglichkeiten gering, an Weiterbildung war nicht zu denken, zu anderen Berufen war ihnen der Zugang verwährt.

Im übrigen beeinflußten negative Ideologien die öffentliche Meinung und verzögerten die Höherqualifizierung von Frauen, wie z. B. die Hypothese über die Entsprechung des (damals physiologisch erwiesenen) Leichtgewichts vom Frauengehirn und „Frauengeist" oder ernstgemeinte Festlegungen auf „naturgegebenen" Geschlechtsfunktionen, scharfe Gegenpositionen zur außerhäuslichen Erwerbstätigkeit der Frauen, die der Frau nur den „Beruf" als Gattin und Mutter zuerkannten. (Hervé, S. 17)

---

9 13. Bericht der Cäcilienschule, Oldenburg 1881, S. 1.

1887/88 verfaßte Helene Lange in Berlin die aufsehenerregende „Gelbe Broschüre", die sie als Begleitschrift zu einer Petition beim preußischen Kulturministerium einreichte. Daraufhin wurden 1889 von ihr in Berlin die ersten Realkurse für Frauen eingerichtet, 1893 in Gymnasialkurse umgewandelt, führten diese zu einem externen Abitur und damit zum Studium von Frauen, jedoch - vor der Jahrhundertwende - zunächst nur im Ausland. Die Finanzierung der Kurse erfolgte über Frauenvereine. 1890 gründete Helene Lange zusammen mit Auguste Schmidt und Marie Loepper-Houselle den „Allgemeinen Deutschen Lehrerinnenverein".

In kurzer Aufeinanderfolge markieren diese Daten die energische Realisierung des Bildungsgedankens für Mädchen und Frauen auf dem Hintergrund von Frauenbewegungen, die selbstbewußt Bildung für sich forderten.

2.0. Öffentlichkeit im 19. Jahrhundert

Im folgenden sind bestimmte Ereignisse, einzelne Phänomene und einige ausgewählte Namen der politischen und literarischen Öffentlichkeit ausgewählt worden, die im Zusammenhang mit dem literarischen Wirken Fanny Lewalds stehen.

Die Stabilisierungspolitik Metternichs hatte zwar auf der großen politischen Bühne eine Restaurationsphase und eine vermeintliche Beruhigung herbeigeführt, unter der Oberfläche aber gärten soziale, nationale, politische und intellektuelle Ideen, Konzepte und unausgetragene Konfliktpotentiale. 1830 und 1848 durchbrachen sie die staatlichen Schranken, um in der Folge bedeutende sozialökonomische Entwicklungen auszulösen. Hans-Ulrich Wehler zählt hierzu den „Aufstieg des Industriekapitalismus, das weitere Vordringen des Agrarkapitalismus und die von diesen Kräften kapitalistischer Marktwirtschaft und -gesellschaft stumm, aber unwiderstehlich vorangetriebene Herausbildung immer größerer marktbedingter sozialer Klassen." (Wehler, S. 4) Die bürgerliche Gesellschaft ist noch keineswegs homogen, sondern eine Koexistenz von traditionellem Stadtbürgertum, akademischem Bildungsbürgertum und neuaufkommender Wirtschaftsbourgeoisie. Die „Unternehmerschaft" (Wehler), nach Untersuchungen über die Verhältnisse während der Frühindustrialisierung und Industriellen Revolution in Berlin und Köln, erkannte früh die Bedeutung horizontaler Mobilität, also Ortswechsel in die Provinzmetropole oder die Hauptstadt, und die Bereitschaft zu beruflicher Mobilität. Meistens handelte es sich um Söhne von Pfarrern, Lehrern, Offizieren, Ärzten, Beamten, Apothekern, Hofpächtern oder sogar Unternehmern, kaum aber waren es „self-made men"-Karrieren, wie sie von Amerika bekannt sind. H.-U. Wehler verbannt diese „ins Reich der sozialromantischen Legenden" in Anbetracht der Starrheit der deutschen Sozialhierarchie. (Ebd., S. 185)

Im Umfeld der Verwandten und Freunde Fanny Lewalds - auch unter ihren Salongästen - wird man den unterschiedlichen Angehörigen des sich bildenden Bürgertums beegnen. Auch die angehende Schriftstellerin selbst kehrt Königsberg den Rücken und bricht auf, sie sucht ihre Chance in der Hauptstadt. (Denkbar wäre ja auch eine Art von Korrespondentinnen-Tätigkeit für die Zeitschrift „Europa" zwischen

Königsberg und Berlin gewesen. Freilich von gleichbleibender, um nicht zu sagen langweiliger Qualität.)

Einem erfolgreichen Bourgeois stand auch der etablierte Heiratsmarkt offen, und durch überlegte Ehepolitik war der Anstieg des materiellen und sozialen Kapitals gewährleistet. An der deutschen Bourgeoisie hatten die Juden hohen Anteil, im Vergleich zum geringen prozentualen Anteil der jüdischen Minderheit an der Gesamtbevölkerung. „In Berlin z. B. waren vor 1870 rund 50 % aller Unternehmer, die hohe Mehrheit der Bankiers, jüdischer Herkunft." (Ebd., S. 194) Hier findet sich gleichzeitig die Problematik der Konvenienzehe, die Fanny Lewald Motive für ihre literarischen Arbeiten gibt, ebenso das Problem der Judenverfolgungen, die sie als Kind in Königsberg - wenn auch nur kurz - zu spüren bekommt.

Antijüdische Ausschreitungen von 1816-18 wiederholten sich im Herbst 1830 u. a. in Frankfurt und Hamburg. „Handwerker und Tagelöhner grollten gegen Wucher und Ausbeutung" (Ebd., S. 356) ohne daß es ein politisches Nachspiel gegeben hätte. Wegen sozialer Mißstände hier und da häuften sich die Aufstände und Revolten in den Jahren 1830/31, vielfach auch deswegen, weil das drückende Gewaltmonopol der „Obrigkeit" schon zu lange ertragen wurde.

Der politische Druck kanalisierte sich in oppositionellen Vereinen, deren größter der 1832 gegründete „Deutsche Vaterlandsverein zur Unterstützung der freien Presse" war. Binnen Jahresfrist hatte er 116 Filialen in mehreren deutschen Ländern. Am 27. Mai 1832 lud er zum großen „Eintrachtsfest" ein, zum Nationalfest in der Ruine des Hambacher Schlosses (Anm.: am Haardtrand bei Neustadt). Nach Schätzungen von Zeitgenossen erschienen 20.000-30.000 Teilnehmer, obwohl die Regierung das Fest und den Aufenthalt aller Fremden in der Region verboten hatte. Die Forderungen der Redner waren „ein freiheitlicher deutscher Einheitsstaat, Republik und Demokratie unter schroffer Ablehnung der Fürstenherrschaft." (Ebd., S. 365) Die ungeheure Resonanz in der Presse und in der liberalen Öffentlichkeit nahm die gesamte Nation - die Bevölkerung - mit Begeisterung wahr. Die Folgen in der Pfalz waren: ein Belagerungszustand, eine Verhaftungswelle und ein Prozeß vor dem Landauer Schwurgericht, der mit einem Freispruch endete. (Ebd., S. 366) An diesem großen Ereignis des Hambacher Festes hatte Fanny Lewald, wie sich im weiteren zeigen wird, unmittelbaren Anteil und verfolgte die Auswirkungen natürlich mit wachem Interesse.

Zu den allgemeinen Folgen innerhalb der öffentlichen nationalen Einrichtungen gehörte nach den Repressionsgesetzen von 1832/34 die Gesinnungskontrolle der Beamten, z. B. der Lehrer und Juristen. (Ebd., S. 494) Ein liberales politisches Bewußtsein wurde z. B. als „politische Schwärmerei" ausgelegt. Ihr Bruder Otto und ihr Vetter Heinrich Simon waren Juristen, d. h. Fanny Lewald hatte unmittelbar Gelegenheit, sich von politischer Unterdrückung durch den Staat zu überzeugen.

Zu einer staatlich privilegierten Berufsklasse bildeten sich die Akademiker an den neuhumanistischen Gymnasien heraus; auch Fanny Lewalds späterer Ehemann Adolf Stahr war Lehrer und später Konrektor am Gymnasium. Nicht zuletzt durch sein außerordentliches Selbstbewußtsein, verbunden mit hohem Sozialprestige, hatte dieser Lehrertypus den Aufstieg bewirkt: Seine Laufbahn begann mit einem Probejahr, danach als wissenschaftlicher Hilfslehrer, anschließend als „ordentlicher Lehrer" in der Unter- und Mittelstufe. „Avancierte er zum ‚Oberlehrer', durfte er als Klassenlehrer in der Oberstufe fungieren, evtl. den Titel ‚Professor', seit 1843 auch den Status eines Rates 5. Klasse in der Hofrangliste genießen. Damit gehörte er zu den ‚höheren Staatsdienern'." (Ebd., S. 495) Auch Adolf Stahr führte den Titel ‚Professor'.

Die neue Publizistik seit 1830 und die Autorengruppe des „Jungen Deutschland", die die Zensurvorschriften mißachteten, unterlagen fortwährenden Repressionen. Am 10. Dezember 1835 verbot die Frankfurter Versammlung alle literarischen und publizistischen Werke von Heine, Börne, Laube, Gutzkow, (August) Lewald, Mundt, Wienbarg. (Ebd., S. 542) Von 1841-1843 setzte eine Lockerungsphase in der Zensur ein, von da an wurden Lokalzensoren eingesetzt, die noch genauer prüften als die bisherigen Zensurkollegien: Allein 1844 wurden 55 Presseverbote verhängt, von 1831-1840 waren es jährlich etwa 30 gewesen. (nach Wehler, S. 544) Im übrigen bestimmte der Markt das literarische, publizistische Leben. Der Verleger war nicht mehr wie bisher häufig Buchhändler, sondern oft „kapitalistischer Großunternehmer mit weitfliegenden Projekten, hohem Kapitaleinsatz und geschmeidiger Marktorientierung." (Ebd., S. 545) Wehler nennt Verlegernamen wie Cotta, Brockhaus, Meyer und Campe.

Die Revolution von 1848 schließlich spielte sich auf verschiedenen Ebenen ab: erstens der Aufruhr der ländlichen Bevölkerung, die sich gegen die Belastungen durch das Feudalsystem auflehnte, zweitens die Massendemonstrationen in den Städten, drittens die Volksversammlungen und Politikertreffen, deren Zusammenarbeit der Entscheidungsfindung und der Beeinflußung der öffentlichen Meinung galt, und an oberster Stelle das zähe Ringen der liberalen Prominenz im Kontakt mit Regierungsvertretern. Die Angst vor Revolutionen französischer Art hatte die Regierenden dazu bewogen, bekannte Liberale als Gewährsleute für einen Systemwechsel an ihre Seite zu berufen. Denn Blut war bereits geflossen, in Berlin z. B. wurden bei Zusammenstößen 230 Tote offiziell bestätigt, und nach Virchow, dem bekannten Berliner Arzt, kamen etwa noch einmal so viel hinzu, die als Barrikadenkämpfer in ihren Häusern verstarben. (zit. n.: Wehler, S. 721)

Auf höchster Ebene gehörten Heinrich Simon, Jurist aus Breslau, Franz Duncker, Verleger aus Berlin, und der Schriftsteller Heinrich Laube zu den Abgeordneten der Frankfurter Nationalversammlung, die für ihren Einsatz und Mut „Haft oder Maßregelung erlitten". (Ebd., S. 745) Präsident der Nationalversammlung war der Königsberger Eduard Simson. In Berlin unter den 402 Abgeordneten der preußischen Nationalversammlung gehörten der Königsberger Arzt Johann Jacoby neben Benedikt Waldeck zu den Führern des linken Flügels. Simon, Simson und Jacoby gehörten zu den engen Freunden Fanny Lewalds, worauf noch näher eingegangen wird, Simon war sogar ihr Vetter.

2.1. Bürgerliche und literarische Öffentlichkeit

Die bürgerliche Öffentlichkeit entwickelte sich, nach Habermas, „in dem Maße, in dem das öffentliche Interesse an der privaten Sphäre der bürgerlichen Gesellschaft nicht mehr nur von der Obrigkeit wahrgenommen, sondern von den Untertanen als ihr eigenes in Betracht gezogen wird." Er weist in dem Zusammenhang auf die „eigentümliche Ambivalenz von öffentlichem Reglement und privater Initiative" hin. (Habermas, S. 38) Der bürgerliche Privatmann ist Eigentümer über Sachen und Personen, gleichzeitig ist er Mensch unter Menschen, bourgeois und homme, eine Durchdringung von öffentlicher und privater Sphäre, eine Ambivalenz, die ihn in beiden Bereichen für zuständig erklärt. Dagegen sind die Frauen und die Unselbständigen von der politischen Öffentlichkeit faktisch und juristisch ausgeschlossen.

Die literarische Öffentlichkeit ist nicht bürgerlichen Ursprungs, sondern hat ihre Wurzeln in der repräsentativen Öffentlichkeit des fürstlichen Hofes. Der gebildete Mittelstand erlernte das öffentliche Räsonnement in Kommunikation mit der höfisch-adeligen Gesellschaft. Ihrerseits hatte sich die „elegante Welt" unter den Aristokraten von der Hofgesellschaft allmählich gelöst und entwickelte zusammen mit der bürgerlichen Avantgarde in der Stadt in bestimmten Institutionen wie den Salons, den Tischgesellschaften, den coffee-houses eine frühe literarische Öffentlichkeit.

H. W. Riehl[10] beschreibt den Salon, der nicht nur eine Räumlichkeit, sondern vor allem eine Lebensauffassung war: „Der bedeutsamste Raum im vornehmen bürgerlichen Haus wird dagegen einem ganz neuen Gemach zugeteilt: dem Salon ... Der Salon dient aber auch nicht dem ‚Hause', sondern der ‚Gesellschaft'; und diese Gesellschaft des Salons ist weit entfernt gleichbedeutend zu sein mit dem engen, festgeschlossenen Kreis der Freunde des Hauses ... Obschon die Sphäre des Familienkreises sich selbst als unabhängig, als von allen gesellschaftlichen Bezügen losgelöst, als Bereich der reinen Menschlichkeit wahrhaben möchte, steht sie mit der Sphäre der Arbeit und des Warenverkehrs in einem Verhältnis der Abhängigkeit" (zit. n.: Habermas, S. 63) Die direkt oder indirekt publizitätsbezogene Subjektivität der Brief-

---

10 H. W. Riehl: Die Familie. Stuttgart 1889.

wechsel, der Tagebücher, der autobiographischen Schilderungen, wie sie für das 18. Jahrhundert typisch waren - manchmal waren derlei literarische Produkte von vornherein für den Druck vorgesehen - weicht einem eher psychologischen Interesse am Menschlichen.

Die Beziehungen zwischen Autor, Werk und Publikum wandeln sich mit dem Selbstwertgefühl des Bürgers, „sie werden zu intimen Beziehungen der ... an Selbsterkenntnis ebenso wie an Einfühlung interessierten Privatleute untereinander." (Ebd., S. 68) Die weibliche Leserschaft und sogar die Lehrlinge und Dienstboten haben zwar zahlenmäßig - als Rezipienten - oftmals einen stärkeren Anteil an der literarischen Öffentlichkeit als die Familienväter und die Privateigentümer, was aber keineswegs etwas daran ändert, daß sie de facto und de jure an der Öffentlichkeit nicht teilnehmen, weil Öffentlichkeit „die fiktive Identität eines Publikums aus versammelten Privatleuten" darstellt. (Ebd.)

2.2. Künstlerinnen und Schriftstellerinnen in der Öffentlichkeit

Unter den wenigen Berufen, die den Bürgerstöchtern des 19. Jahrhunderts offenstanden, übte der Beruf der Bildenden Künstlerin eine besondere Anziehungskraft auf begüterte, freiheitsdurstige junge Frauen aus. Zudem war die Ausbildung an den privaten Malschulen an keinerlei allgemeingültige Vorschriften oder Voraussetzungen gebunden. Eine ganze Reihe bekannter Maler bot z. B. in Berlin eigene Schulen an. Junge Menschen beiderlei Geschlechts, die es sich leisten konnten, hatten Gelegenheit, sowohl die Freiheiten des Großstadtlebens wahrzunehmen, als auch in den Atelierstunden sich ernsthaft um Auseinandersetzung mit künstlerischer Darstellung zu bemühen, im Maleratelier mit eigener, in den Museen mit den Meisterwerken anderer. Oftmals waren auch wochenlange Sommerexkursionen nach Italien mit dem Pensum der Malschulen verbunden. In jedem Fall gehörten Welterfahrung und Verbesserung der Allgemeinbildung zu den wesentlichen und gesellschaftlich relevanten Resultaten dieser künstlerischen Ausbildung, die die Heiratsaussichten der bürgerlichen Frauen in keiner Weise schmälerten.

Im Gegenteil, in der sogenannten „guten" Gesellschaft war der Beruf der Bildenden Künstlerin seit der Renaissance besonders geschätzt, und gerade konservative Familien konnten diesen Berufswünschen zustimmen. In Zeiten wirtschaftlichen Aufschwungs war beinahe von einem Andrang der Frauen, selbst bei nur mäßigem Talent, die Rede. Zahlreiche Künstlerinnen, die in gesicherten finanziellen Verhältnissen lebten, nutzten hernach ihre Kunst als eine Art Nebenerwerbsquelle, was vor allem ihre männlichen Kollegen irritierte und manchmal verärgerte. (nach Krull, S.150)

Die Männer, die - wenn auch bei relativer Freiheit - auf die Berufsausübung als Künstler mehr oder weniger angewiesen waren, prägten angesichts der Situation - vielleicht nicht ohne Mißgunst - die Bezeichnung „Malweiber", die alle Künstlerinnen, auch die ernsthaften und talentierten unter ihnen, unterschiedslos abwertete. Wie es landläufig mit der Beurteilung der weiblichen Künstlerschaft bestellt war, beweist ein Brief von Woldemar Becker, dem Vater Paula Becker-Modersohns, an seine 20jährige Tochter:

„Ich glaube nicht, daß Du eine gottbegnadete Künstlerin ersten Ranges werden wirst, das hätte sich doch wohl schon früher bei Dir gezeigt, aber Du hast vielleicht ein niedliches Talent zum Zeichnen, das Dir für die Zukunft nützlich sein kann, und Du mußt es zu entwikkeln suchen. Wenn Du auch nicht Vorzügliches dann leistest, so kannst Du es durch Ausdauer über die grobe Mittelmäßigkeit bringen und (mußt) nicht im Dilettantentum untergehen. Letzteres ist meiner Ansicht nach der Fluch der Frauenerziehung". (Bohlmann-Modersohn, S. 36)

Gemeint ist ein Dilettantismus mit hohem Frauenanteil, der im 19. Jahrhundert während der Auflösung der starren Rollenmuster durch Schnellkurse in irgendwelchen Malschulen, durch Mustermappen und vorgefertigte Arbeitsmaterialien kurzfristig Fertigkeiten suggerierte und an ernsthafter künstlerischer Betätigung von Frauen Zweifel aufkommen ließ. Von Lichtwark, dem Leiter der Hamburger Kunsthalle gegen Ende des 19. Jahrhunderts, ist bekannt, daß er Dilettantinnen von hohem gesellschaftlichen Rang mit Entgegenkommen und Galanterie begegnete. Hier lag die Voraussetzung für seine Protektion. Ganz anders verfuhr er mit den echten Künstlerinnen. „Jede sachorientierte Anstrengung von weiblicher Seite löste konventionelle Gebundenheiten auf, da sie sich nicht nahtlos bürgerlichem Lebensstil einfügen ließ". (Berger, S. 83f.) Diese Einstellung Lichtwarks veranlaßte ihn beispielsweise zu Schreckensausrufen beim Anblick extravaganter, in Männerkleidung daherkommender Kunsthistorikerinnen oder zu Weltuntergangsprognosen angesichts selbstbewußter, begabter Künstlerinnen.

Diejenigen Frauen, die von ihrer Kunst leben mußten, hatten es oft schwer, sich durchzusetzen. Um zu existieren, mußten sie ihre Werke häufig unter Preis verkaufen, was ihnen neben dem Verlust an Geld und Prestige „oft auch die Feindschaft der männlichen Kollegen (einbrachte), denn der Konkurrenzkampf nahm ständig zu." (Krull, S. 150) Über das Zahlenverhältnis zwischen männlichen und weiblichen Malern und Bildhauern verschiedener Länder macht Lily Braun um 1900 folgende Angaben: „Deutschland - 190.827 Männer zu 839 Frauen; Österreich - 61.382 Männer zu 327 Frauen; Frankreich - 220.042 Männer zu 3.818 Frauen; England - 269.454 Männer zu 3.132 Frauen; USA - 484.580 Männer zu 10.815 Frauen." (zit. n.: Krull, S. 150)

Die Malerin Philippine Wolff-Arndt besuchte 1872 die Städelsche Kunstschule in Frankfurt. Unter strengster Geheimhaltung durften die jungen Damen wenigstens den weiblichen Akt studieren. 1878 nahm sie an einem Malzirkel in Rom teil, sie schreibt in ihren Erinnerungen: „Die Abendzirkel zeigten eine starke Besuchsziffer. Ihre Besucher rekrutierten sich aus allen Altersklassen, vom knabenhaften Jüngling bis zum weißbärtigen Veteran. Auch eine kleine Anzahl Frauen machte mit. Wir traten in den Circolo Chigi ein. Dort sollte am intensivsten gearbeitet werden ... Gern hätten wir am Aktzeichnen teilgenommen. Aber dies war für junge Damen bei der großen Herrenbeteiligung ausgeschlossen." (zit. n.: Berger, S. 143)

Ein weiterer Aspekt kommt hinzu: Ernsthaftes Künstlertum isoliert die Künstlerinnen von den übrigen Frauen. Es isolierte sie als erstes von ihren eigenen Familien, in die sie im 19. Jahrhundert noch stark eingebunden waren. Eine Briefstelle der Malerin Paula Becker-Modersohn deutet dieses Phänomen an: „Das ist die einzige Angst, die ich für mein Menschlein habe. Ich glaube, ich werde mich von hier fortentwickeln. Die Zahl derer, mit denen ich es aushalten kann, über etwas zu sprechen, was meinem Herzen und meinen Nerven naheliegt, wird immer kleiner werden. Das schwindet wohl mit dem Alter, wenn der glühende Subjektivismus erlischt und das kalte elektrische Licht des Objektivismus aufgeht. Da kann man mit jedem sicher jedes sprechen. Und vor diesem schrecklichen Zustande bangt mir sehr." (zit. n.: Bohlmann-Modersohn, S. 78) Diese Isolation zu ernsthafter Tätigkeit auf dem Gebiet der bildenden Kunst ist nur durchzuhalten, wenn die Selbständigkeit einer Künstlerin gegeben ist.

Bis etwa über die Mitte des vergangenen Jahrhunderts hinaus beschämte es den Vater - soweit es sich um das bürgerliche Milieu handelte - „seine Tochter sichtbar einem Erwerb nachgehen zu lassen ... Während der ‚gemäßigte' Flügel der deutschen Frauenbewegung Mütterlichkeit als abstrakte, von physischer Mutterschaft gelöste Eigenschaft in öffentliche, bezahlte Funktionen überführen wollte, vollzog sich auf anderer, wenig beachteter Ebene ein Wandel, was das Vatersein anbetraf." (Berger, S. 192) Es erscheint einleuchtend, daß erst das 19. Jahrhundert mit der Industrialisierung in Deutschland die Grundlage für einen Sinneswandel der Väter schaffte: Frauen ergriffen

„Männerberufe" und ermöglichten ihren Vätern ein „identifizierendes Interesse" (Ebd., S. 193)

Auf der Ebene des Bewußtseins konnten beispielsweise über die Gräben der Geschlechterrollenzuweisung hinweg Kommunikation und Identifikation stattfinden. Karl Schmidt, der Vater von Käthe Kollwitz, verfolgte aufmerksam die Begabungen seiner Kinder - eines erstgeborenen Sohnes und dreier Töchter. Und nachdem der Erstgeborene die bürgerlichen Erwartungen in beruflicher Hinsicht realisierte, ließ er die zeichnerische Begabung seiner Tochter Käthe vom 14. Lebensjahr an durch beste Kräfte fördern. Der Vater war sich über sein Risiko im klaren, Liebesdinge würden vielleicht weniger eine Rolle spielen, weil die Tochter nicht über allzuviel äußere Schönheit verfügte. Daß die Tochter sich verlobte, ehe sie ihre eigentliche Ausbildung begonnen hatte, warf seine unmittelbaren Pläne durcheinander. Er wirkte aber weiterhin, während seine Tochter schon verheiratet war und Kinder hatte, als Verbündeter seiner künstlerischen Tochter, denn - im Sinn seiner Identifikation - war sein väterliches Interesse „auf Arbeit mit öffentlichem Charakter gerichtet." (Ebd., S. 196)

Im Vergleich zu den Vertreterinnen der Bildenden Kunst hatten die schriftstellerisch begabten Frauen im 19. Jahrhundert wegen der sich überstürzenden technischen Neuerungen auf dem Gebiet des Buchdrucks und durch die vielerorts herausgegebenen Lesehefte, deren Charakter zum Teil auf weibliche Leserschaft eingestellt war, noch bessere Chancen, mit ihren Werken an die Öffentlichkeit zu kommen. In den zwei Bänden „Die deutschen Schriftstellerinnen des 19. Jahrhunderts" führte 1825 Carl Schindel 223 Frauen auf, die Bibliographie von Elisabeth Friedrichs verzeichnet 4000 Frauen für das 18. und 19. Jahrhundert. (nach Brehmer, S. 354)

Kaum vorstellbar erscheint diese Fülle angesichts der Tatsache, daß Frauen wegen der „Geschlechtsvormundschaft" durch ihren Vater oder ihren Ehemann nur bedingt geschäftsfähig waren. So waren die Schriftstellerinnen zunächst von dem Wohlwollen ihrer Väter oder Ehemänner abhängig. Obwohl es kein ausdrückliches Veröffentlichungsverbot für Frauen gab, waren sie in zweiter Linie bei der Publizierung eines Artikels, eines Buches oder einer Zeitschrift immer von dem männlichen Verleger oder Redakteur abhängig. Um sich nicht noch zusätzliche Schwierigkeiten aufzubürden und Nachteile einzuhandeln, veröffentlichten viele Frauen noch in der ersten Hälfte des 19. Jahrhunderts zumindest ihre ersten Werke unter - meist männlichen - Pseudonymen. Elisabeth Friedrichs hat in ihrem Werk ca. 500 männliche Pseudonyme von Schriftstellerinnen gefunden.

Als 1848 die Zensurbestimmungen, die seit den Karlsbader Beschlüssen die politischen Freiheits- und Emanzipationsbestrebungen einschränkten, außer Kraft gesetzt wurden, schufen sich Frauen eine literarische Öffentlichkeit durch die Gründung von eigenen Zeitschriften, von Frauenhilfs- und Frauenbildungsvereinen. Aber schon Ende 1848 wurden - zuerst in Preußen - ausdrücklich Gesetze formuliert, die die literarische und politische Öffentlichkeit von Frauen betrafen. Im Preußischen Vereins- und Presserecht wurde 1850 den Frauen die Beteiligung in politischen Vereinen verboten, genauso wie den Schülern und Lehrlingen.

Eine verbreitete und für die Situation dieser Frauen charakteristische Textsorte war die Biographie. Louise Otto[11] brachte 1868/69 zwei Bände mit Biographien von Frauen heraus, die gänzlich vergessen waren. Der erste Band mit dem Titel „Merkwürdige und geheimnisvolle Frauen" enthält Lebensberichte von zwölf „Hexen",und der zweite Band „Einflußreiche Frauen aus dem Volke" zeigt, wie es einigen Frauen trotz allem gelungen ist, ihre Arbeit der Öffentlichkeit zunutze zu machen. Mit diesem provozierenden zweibändigen Werk beabsichtigte Louise Otto gleichzeitig, die Frauen herauszufordern, über sich selbst zu reflektieren und über ihr Leben selbst zu schreiben. „Sie stellt einen deutlichen Unterschied in der Haltung männlicher und weiblicher Biographen zu ihren Frauengestalten fest." (Ruth-Ellen B. Joeres, In: Brehmer, S. 322) Und sie behauptet, „daß sie als weibliche Autorin durch die Beschreibung weiblicher Lebensläufe einen Begriff historischen Wertes in ihren Leserinnen schaffen könnte, der diese genauer und sinnvoller aufklären würde, als das männliche Autoren könnten oder wollten." (Ebd., S. 323)

---

11 Louise Otto (1819-1895), Tochter eines Prozellanmalers, schriftstellerische Tätigkeit: Gedichte, Feuilletons, Romane, Erzählungen, Opernlibretti, Engagement in Arbeiter- und Frauenfragen, Gründung eines (bürgerlichen) Frauenbildungsvereins in Leipzig.

Fanny Lewald 1848; Zeichnung von Heinrich Lehmann

Abgesehen von dieser originellen und für die Situation der Frauen im 19. Jahrhundert sensationellen Edition, gab es in der schreibenden Zunft auffällige Vorlieben für bestimmte Frauen aus dem literarischen Leben, z. B. für die berühmte Berliner Salonnière Rahel Varnhagen.

Nachdem ihr Ehemann 1833, in ihrem Todesjahr, einen biographischen Abriß mit Briefen herausgegeben hatte, häuften sich in den darauffolgenden Jahrzehnten die Biographien über Rahel sowohl von schreibenden Frauen als auch von Männern, und selbst in unserem Jahrhundert haben beispielsweise die Philosophin Hannah Arendt und die Publizistin Carola Stern sich mit dem Leben der Rahel Varnhagen beschäftigt und ihre Ergebnisse veröffentlicht.

Vergleicht man die verschiedenen Autorinnen und Autoren, so stellen sich oft eindeutige Bezüge zu deren eigener Lebensauffassung heraus. Fanny Lewald zum Beispiel gab 1888 „Zwölf Bilder nach dem Leben" heraus, zwölf biographische Abrisse, hauptsächlich von männlichen Zeitgenossen. Die beschriebenen Frauen sind Johanna Kinkel, Wilhelmine Schröder-Devrient, Caroline Ungher-Sabatier und Hortense Cornu. Übereinstimmungen in den ausgewählten Frauenbiographien bestehen darin, daß sie beruflich tätig sind, Kinder für ihr Leben ohne weitere Bedeutung zu sein scheinen, ihre Aufgaben als Frauen und Mütter also entschieden in den Hintergrund gegenüber ihren außergewöhnlichen Aufgaben treten. Die persönliche Einfärbung von (fremden) Biographien nach ihren eigenen Lebensmaximen macht man Fanny Lewald hier mit Recht zum Vorwurf.

Durch ihre Autobiographien sind Berufsschriftstellerinnen häufig erst als solche hervorgetreten. So weiß man z. B., daß Sophie Mereau, Caroline von Wolzogen, Therese Huber, Annette von Droste-Hülshoff, Louise Aston und Fanny Lewald durch Schreiben und Publizieren finanziell weitgehend unabhängig wurden. Der Preis für ihre Selbständigkeit und Unabhängigkeit war, daß sie sich fortan nicht mehr nur ihrem bevorzugten Genre widmen konnten, sondern als Berufsschriftstellerinnen häufig auch Gelegenheitsarbeiten, z. B. Übersetzungen, annehmen, für Journale und Almanache schreiben oder ihre Literatur als Massenware abliefern und sich - aus Absatzgründen - zwangsläufig auch gängiger Klischees bedienen mußten, was ihrem literarischen Image in keiner Weise gut tat.

3.0. Autobiographische Aspekte

Fanny Lewald gibt 1861/62 unter dem Titel „Meine Lebensgeschichte" ihre Autobiographie heraus. Zu der Zeit hat sie bereits Reisebücher über Italien, England und Schottland veröffentlicht, Briefliteratur in Wochenzeitschriften, Erzählungen und 17 Romane geschrieben. Sie ist inzwischen eine bekannte Schriftstellerin. In ihrer Berliner Wohnung in der Matthäikirchstraße unweit vom Potsdamer Platz führt sie, „wohlsekundiert" von ihrem Gatten Adolf Stahr, einen literarischen Salon. Auf diese enge Zusammenarbeit bezieht sich 1853 beispielsweise Gottfried Keller in einem Brief an Hermann Hettner,[12] wenn er schreibt: „Das Lewaldsche Ehepaar hat, glaube ich, keinen einzigen aufrichtigen Freund mehr. Überall, soviel ich höre, erregen sie Anstoß, nicht nur durch die Ostentation, mit welcher sie ihr Verhältnis produzieren, sondern auch durch die Anmaßung, mit welcher sie in literarischen Gesprächen zusammen gegen ganze Gesellschaften Front machen." (zit. n.: de Bruyn, S. 301)

Bevor sie ihre Autobiographie abschließt, teilt Fanny Lewald 1860 ihrem alten Freund Johann Jacoby, einem befreundeten Arzt und Politiker aus Königsberg, mit, daß sie mit ihren Memoiren beabsichtige, „eine gute Menge Thatsachen und Prinzipien über das Leben der Kinder, der Familien, ihrer Erziehung, hinzustellen, u(nd) zweitens ein ganz ehrliches Bild eines vollständigen Menschenlebens, eines wirklichen u(nd) nicht erfundenen, zu geben." (Rheinberg, S. 27) 1863, also kurz nach dem Erscheinen der „Lebensgeschichte", schreibt sie ihrem Freund und Briefpartner, dem Großherzog Carl Alexander von Sachsen-Weimar,[13] daß sie aus eigenem Erleben ein Bild von der Stellung geben will, „welche die Frauen oder eigentlich das Mädchen in unserer Staatsgesellschaft und in der sogenannten Gesellschaft einnehmen." (Ebd., S. 27f.)

---

12 Hermann Hettner (1821-1882), Kunst- und Literaturhistoriker. Fanny Lewald lernt ihn mit Prof. Stahr in Italien kennen.
13 Carl Alexander ist der Enkel des fürstlichen Goethe-Freundes Carl August, ihm ist daran gelegen, Weimar wieder zu einem geistigen Zentrum zu machen, darum bemüht er sich um Liszt. Fanny Lewald hat er im Oktober 1848, nach ihrem Besuch in Paris, über Therese v. Bacheracht zu sich eingeladen.

Sie ist sich, während sie ihre Lebensgeschichte verfaßt, dessen bewußt, daß sie ihre private Geschichte der Öffentlichkeit übergibt. Der Werdegang eines bürgerlichen jüdischen Mädchens, das es, trotz vieler Hindernisse, zu einer erfolgreichen Schriftstellerin gebracht hat, besitzt Vorbildcharakter. Ihre Konzeption ist darauf gerichtet, didaktisch in die Öffentlichkeit hineinzuwirken und den Überlegungen für eine zeitgemäße Erziehung und Ausbildung von Mädchen ein herausforderndes Beispiel an die Hand zu geben. In ihren beiden Briefen unterstreicht Fanny Lewald, daß in ihrer Lebensgeschichte nichts erfunden sei. Das deutet auf ihre an vielen Stellen erklärte Wahrheitsliebe und wird an den Stellen eingelöst, wo sie ohne Ausflüchte Tabuthemen der Zeit berührt und selbst ihre eigene Familie damit nicht verschont. Daneben aber kommt stellenweise der Verdacht auf, daß sie die Authentizität einer Harmonisierung oder Stilisierung zu opfern bereit ist, heute würde man von „Image-Pflege" sprechen.

Fanny Lewalds Goethe-Verehrung in ihrer zweiten Lebenshälfte, etwa ab 1857, ist bekannt,[14] ihre Vorliebe für „Dichtung und Wahrheit" legt den Einfluß auf ihre „Lebensgeschichte" nahe.

Sollte im übrigen der Umstand, daß sie ihre Autobiographie vor der Beziehung mit Adolf Stahr, ihrem späteren Gatten, abschließt, ein Indiz für ihre Wahrheitsliebe und Offenheit bis zu dieser Grenze sein? Dieser Frage nachzugehen, ist nicht Gegenstand meiner Arbeit, dennoch ist es auffällig, wie sie die Jahre im Elternhaus und die Jahre ihrer Selbständigkeit als „Meine Lebensgeschichte" betitelt, obwohl die Jahre mit Adolf Stahr von 1845-1876 noch ausstehen.

Für meine Untersuchungen werde ich in bezug auf ihre weiteren Lebensabschnitte auf ihre Korrespondenzen mit dem Großherzog Carl Alexander von Sachsen-Weimar und mit Johann Jacoby zurückgreifen, auf ihr „Römisches Tagebuch" und auf ihr Tagebuch „Gefühltes und Gedachtes".

Die sechs Bände ihrer „Lebensgeschichte" sind in drei Teile gegliedert: 1. Im Vaterhaus, 2. Leidensjahre, 3. Befreiung und Wanderle-

---

14 Gabriele Schneider weist nach, daß sich Fanny Lewald deutlich Goethes „Wilhelm Meister" und die „Wahlverwandtschaften" für zwei ihrer Romane zum Vorbild genommen hat (G. Schneider: Vom Zeitroman zum stilisierten Roman. Die Erzählerin Fanny Lewald. Frankfurt a. M. 1993).

ben. Mit ihrem 34. Lebensjahr, dem Kennenlernen ihres späteren Ehemannes, des Theaterkritikers und Kunsthistorikers Adolf Stahr, enden ihre biographischen Aufzeichnungen. In vielen Einzelheiten spiegeln sich in ihren Schilderungen die Einschränkungen des bürgerlichen Mädchen- und Frauenlebens durch das häusliche Patriarchat wider. Gleichzeitig beleuchtet sie von Anfang an die Problematik des bürgerlichen jüdischen Lebens in Deutschland zu Beginn des 19. Jahrhunderts. Sie berichtet eingehend über die Ansiedlung ihrer jüdischen Vorfahren in Ostpreußen, über ihr Assimilationsbegehren und ihre Namensänderung. Die Familie der Fanny Lewald heißt bis 1831 Markus,[15] seitdem legen sie sich den Namen Lewald zu, den die Brüder des Vaters schon längere Zeit vorher angenommen hatten. Themen dieser Art gehören in der damaligen Zeit in den meisten Familien zu den Tabuthemen.

Zusammengefaßt behandelt der erste Teil der Lebensgeschichte „Im Vaterhaus" die Zeit zwischen 1811 und 1832, 22 Jahre in der ostpreußischen Stadt Königsberg. Die Familien mütterlicher- und väterlicherseits werden vorgestellt, die Großeltern und Eltern, der bürgerliche Haushalt, die Kindheit.

Fanny Lewald berichtet - nach Erzählungen von Erwachsenen - über die Liberalität der Königsberger Familien 1812 beim Durchzug der französischen Truppen nach Rußland und 1813 auf jämmerlichem Rückzug. Sie fügt ein, daß die jüdischen Familien möglicherweise durch die Judenemanzipation unter Napoleon für die Franzosen eingenommen waren.

Zur Legitimation der Bürgerlichkeit ihrer Familie mütterlicherseits dienen ihr deren Wohlstand, ihre Ortsansässigkeit, das religiöse, d. h. hier das jüdische Brauchtum und gesellschaftliches Ansehen. Mit der Person ihrer Mutter führt Fanny Lewald eines ihrer durchgängigen Themen in ihre Biographie ein: die mangelnde Bildung und Ausbildung der bürgerlichen Frauen.

---

15 Petra Wilhelmy (Der Berliner Salon im 19. Jahrhundert. Berlin 1989, S. 231.) irrt, wenn sie schreibt, die Familie Fanny Lewalds habe sich schon seit 1812 den Namen Lewald zugelegt. Es liegt da eine Verwechslung vor mit den Brüdern des Vaters.

Die väterliche Familie war seit vier Generationen in Königsberg ansässig. Der Vater Fanny Lewalds, als dritter Sohn, übernahm die Handelsgeschäfte. Die älteste Schwester des Vaters zog nach Breslau, sie wurde die Mutter des demokratischen Politikers Heinrich Simon. Eindeutig bekennt sich Fanny Lewald in ihrer „Lebensgeschichte" zu dieser Familie, die von Fehlschlägen und Pech nicht verschont bleibt, aber dennoch sind alle „geistig sehr begabt, sehr strebsam, äußerst beharrlich und unverzagt ... dem ganzen Charakter nach ein Geschlecht, dem anzugehören ich immer als einen Vorzug empfunden habe". (ML, I, S. 11.)[16] Wenn sie also im gleichen Absatz schreibt: „auf sich selbst und den Erwerb für sich und die Ihrigen gewiesen, verließen die zurückgebliebenen vier Geschwister ... die Bahn des Vaterhauses nicht", so ist „Vaterhaus" für Fanny Lewald identisch mit den aufgeführten Eigenschaften und wird zu einem Wertbegriff, der auch ihr Leben bestimmt. Die Figur des Vaters nimmt einen breiten Raum ein, allen Ernstes findet sie Ähnlichkeiten zwischen den Charaktereigenschaften Napoleons und denen ihres Vaters. Die bekannte Schriftstellerin scheut sich nicht, auch geschäftliche Einbrüche wie den väterlichen Bankrott zu schildern, erlittene Enttäuschungen ins Licht zu bringen, wie die verordnete Konvertierung zum protestantischen Glauben und die vom Vater zuerst gebilligte und dann hintertriebene Eheschließung mit dem Theologiekandidaten Leopold Bock. Andererseits erwähnt sie, daß sie keinen Schritt ohne die Zustimmung ihres Vaters tun würde, daß sie sich als sein Eigentum fühle.[17]

Der Geschäftshaushalt war vielen Schwankungen unterworfen, Umzüge innerhalb der Stadt und Verbesserungen waren mit steigendem Wohlstand angesagt. Zwischen Fanny Lewalds 3. und 9. Lebensjahr – ihre Brüder wurden 1813 und 1815 geboren – gehörten zu ihrem Haushalt drei weibliche Dienstboten, Kinderfrau, Köchin und Hausmädchen, ein Hausknecht, ein Comptoirbote und die Commis (Handlungsgehilfen) des Vaters. Sporadisch fanden Besuche der ausländischen Geschäftspartner aus Polen und Rußland statt.

---

16 Zitate aus den Werken von Fanny Lewald werden hier und im folgenden mit Angabe des Kürzels und der Seitenzahl direkt hinter dem Zitat nachgewiesen.

17 „Ich fühle mich in dieser Beziehung durchaus als sein Eigentum". (ML, I, S. 186).

Mit dem Eintritt in die Ulrichsche Privatschule erhielt sie in einem auf neun Jahre angelegten Kurs Unterricht im Lesen, Schreiben und Rechnen, in christlicher Religion, in Geographie und Geschichte, in der deutschen und französischen Sprache, in Gesang und Zeichnen. Als Fanny Markus, so wie sie damals hieß, etwa drei Jahre die Schule besucht hatte, visitierte der stadtbekannte, angesehene Konsistorialrat Dinter den Unterricht und stellte ihr gegenüber fest: „Nu! Dein Kopf hätt' auch besser auf 'nem Jungen gesessen!", und einlenkend: „Wenn Du aber nur'n mal eine brave Frau wirst, so ist's auch gut." (ML, I, S. 87) Dieses Lob veranlaßte sie, ihr Verhältnis zu den beiden Geschlechtern zu überdenken. Knaben erschienen ihr etwas Besseres, verglichen mit Mädchen. Und sie versuchte die Jungen, wo immer es ging, intellektuell zu übertrumpfen.

1824 wurde die Ulrichsche Privatschule unversehens aufgelöst, was sie als „wirkliches Unglück" empfand. Zugleich fühlte sie einen „brennenden Neid" gegen ihre Brüder, die auf einer öffentlichen Schule ihren Unterricht fortsetzen durften und an denen nicht so viel herumerzogen wurde wie an ihr.

Da zu der Zeit der Vater Weinhandel betrieb und die Mutter in der Weinstube Speisen anbot, so daß viel Fleiß seitens der Eltern vorgelebt wurde, war es selbstverständlich, daß sich die 13jährige Fanny mit dem „Stundenzettel", den ihr der Vater für jeden Tag - anstelle von Schulunterricht - ausstellte, abfand und ihn genau befolgte: von 8-9 Uhr Klavierstunde, Übung neuer Stücke; von 9-12 Uhr Handarbeit, gewöhnliches Nähen und Sticken oder „Häusliche Handarbeit", was Strümpfestopfen oder Wäscheausbessern bedeutete. An jedem zweiten Tag war die Handarbeit auf eine Stunde reduziert mit anschließendem Unterricht im Generalbaß; von 12-13 Uhr „Nachlesen alter Lehrbücher, als: Französisch, Geographie, Geschichte, Deutsch, Grammatik usw."; von 13.00-14.30 Uhr „Erholung und Mittagessen"; von 14.30-17.00 Uhr Fortsetzung der Handarbeit; von 17-18 Uhr Klavierstunde (als Unterrichts- oder als Übungsstunde), abschließend von 18-19 Uhr Schreibübung. Für korrekte Erfüllung des Stundenzettels erhielt Fanny von ihrem Vater, der ihre Lektüre ausschließlich bestimmte, gute Lektüre für die Erholungsstunden und die Aussicht auf anderweitigen Unterricht, falls er sich bieten würde.

Der erste Teil „Im Vaterhaus" schließt damit, daß der Vater die 21jährige Fanny im April 1832 einlud, ihn auf seiner Geschäftsreise an den Rhein und Neckar zum Weineinkauf zu begleiten. Ihre beiden Brüder hatten in Königsberg Jura- und Medizinstudien aufgenommen, die Freiheiten, die ihnen der Vater gewährte, setzten die junge Fanny oft in Erstaunen. Um den vorausgegangenen, teilweise erzwungenen Verzicht auf den Verlobten zu verschmerzen, begann sie sich nun fieberhaft mit der Reiseausstattung zu beschäftigen. Unter den Freundinnen und den Verwandten kursierten Gerüchte, die einen sprachen vom Aussuchen „einer guten Partie", die anderen von einer Ausbildung zur Schriftstellerei, denn gewisse Anlagen dazu hatten sich schon hier und da im jugendlichen Kreise gezeigt.

Dem zweiten Teil ihrer Lebensgeschichte gab Fanny Lewald den Titel „Leidensjahre". Sie begannen 1832, Fanny war 21 Jahre alt, als sie ihren Vater auf dieser Geschäfts- und Bildungsreise begleiten durfte, die zugleich für sie, was sie anfangs noch nicht wußte, eine sogenannte „gute Partie" einbringen sollte. Ihre Berliner Verwandten gaben ihr deutlich zu verstehen, daß ein Mädchen aus nicht besonders bemittelter Familie darauf angewiesen sei, den Männern zu gefallen und nicht, so wie Fanny, „ernst und sicher und bestimmt" auftreten dürfe. (ML, II, S. 9f.)

In einer Berliner Theateraufführung wurde sie auf die Anwesenheit der bekannten Salonnière Rahel Varnhagen[18] hingewiesen.

Die weiteren Stationen ihrer gemeinsamen Reise waren Leipzig, Weimar, Frankfurt, Darmstadt, Heidelberg und Baden-Baden. Weimar stand noch ganz unter dem Eindruck des vor wenigen Wochen verstorbenen Olympiers Goethe. In Frankfurt wurden u. a. die Geburtsstätten von Goethe und Ludwig Börne aufgesucht. Das freie Studentenleben in Heidelberg begeisterte die junge Fanny Lewald.

In Baden-Baden führte der Bruder des Vaters ein großes Haus, er hatte eine reiche Erbin geheiratet, die ihn von den täglichen Sorgen freihielt, dadurch konnte er seine geistigen Neigungen ausleben und gleichzeitig sein Augenmerk weitläufig auf eine Position in der Ver-

---

18 „Sie war klein und betagt, hatte einen wunderlichen Kopfputz auf und unterhielt sich ... Daß sie eine Jüdin sei, war unverkennbar, und man sagte mir, das sei Rahel Levin, die Frau von Varnhagen von Ense." (ML, II, S. 13).

waltung richten. Fanny imponierte es, daß er Goethe 1823 in Marienbad kennengelernt hatte und auch Karl August, den Herzog von Württemberg, persönlich kannte. Ludwig Börne und Ludwig Robert, der schriftstellernde Bruder von Rahel Varnhagen mit seiner sympathischen Frau, gehörten zu ihrer Gesellschaft. Es fand zeitgleich das Hambacher Fest[19] statt, aber, obwohl auch „Frauen und Jungfrauen Deutschlands" eingeladen waren, nahm ihr Vater sie - aus Sorge vor dem ungewissen Ausgang des Festes - nicht mit dorthin. Wegen der Ausbreitung der Cholera zog die ganze Familie des Onkels mit großem Aufwand wieder in ihre eigentliche Heimatstadt Breslau zurück.

Fanny erhielt von ihrem Vater die Erlaubnis, sich weiterhin der Familie anzuschließen und lernte Breslau kennen. Es erschien ihr „fremdartig" gegenüber den anderen großen deutschen Städten, die sie schon kannte. Das Leben im Hause ihrer Tante, der Schwester ihres Vaters, verschaffte der jungen Fanny tiefe Einblicke in das geistige und praktische Leben von Frauen, diesmal distanzierter als im Hinblick auf ihre eigene Mutter. Sie genoß es sehr, daß ihr die gesamte Bibliothek ihres Onkels zur freien Verfügung stand und daß sie als einzige Frau in die regelmäßig stattfindenden Gespräche der literarisch interessierten Herrengesellschaft einbezogen wurde. Unter anderen gehörte als inzwischen Berühmtester Hoffmann von Fallersleben dazu. Diese anregende Atmosphäre führte sie zum ersten Mal zu eigenen literarischen Entwürfen. Mit Fleiß und Eifer fertigte sie Exzerpte ihrer Lesestoffe an. Das Königsberger Klavier-Übungspensum war auf zwei Stunden wöchentlich und eine Übungsstunde mit dem Klavierlehrer der Familie reduziert. Im geistigen Klima dieses Hauses entwickelte sich auch ihre Liebe zu ihrem Vetter Heinrich Simon, dem damals 27jährigen Referendar, der auf seine Anstellung beim Landgericht in Breslau wartete. Aus der glühenden Liebe seitens Fanny sollte eine immerwährende, wegweisende Freundschaft werden, so daß die Lebensgrundsätze Heinrich Simons, wie z. B. „für das Recht und gegen das Vorurteil einzutreten" (ML, II, S. 81) auch für Fanny Lewalds Wirken ausschlaggebend wurden. So jedenfalls verkraftete sie diese unglückliche Liebe und heftige Enttäuschung ihrer Jugend, indem sie

---

19 Siehe vorn S. 19f.

ihre Gefühle für Heinrich Simon in den Bereich von Menschlichkeit und Reife überführte.

Fanny hielt sich etwa ein Jahr lang bei den Verwandten väterlicherseits in Breslau auf. Mit ihren Eltern und Geschwistern in Königsberg und ihrer Freundin Mathilde blieb sie währenddessen in ständigem Briefkontakt. Im März des nächsten Jahres holte der Vater sie ab. Mit widerstrebenden Gefühlen und mit einem „heimatlosen Herzen" kehrte sie zu den Ihren zurück.

Die Familie in Königsberg hatte gerade eine Choleraepidemie überstanden, die Mutter begann seitdem an Schwindsucht zu leiden, die zu ihrem frühen Tod führte. Fannys Geburtstagsfeier in diesen ersten Tagen nach der Rückkehr ließ sie alle Verwandten und Freunde noch sehr fremd erscheinen, die Trennung hatte für Fanny viel bewirkt, unter anderem war sie spürbar reifer geworden. Sie fühlte sich anfangs wenig ausgelastet, schließlich wechselte sie sich Monat für Monat in der Führung des 18-Personenhaushalts mit ihrer jüngeren Schwester ab. Sie nahm ihre Klavierstunden wieder auf, bekam vom Vater die Aufgabe, ihren beiden jüngsten Schwestern Anfangsunterricht im Klavierspielen zu erteilen, sie machte Näharbeiten für die vielen Familienmitglieder und schrieb Briefe an die Cousinen nach Breslau, vor allem, um gelegentlich etwas von Heinrich Simon zu erfahren. Im Sommer begleitete sie ihre kränkliche Mutter in eines der nahen Ostseebäder. Sie wohnten in einem großen Logierhaus am Strand, auch hier wechselte sie sich mit der Schwester ab. Bei gesellschaftlichen Anlässen war Fanny meist eine gute Unterhalterin im Kreise reiferer Zuhörer. Durch einen tragischen Unglücksfall verlor im Frühjahr 1834 ihre 10jährige Schwester ein Auge, die Genesungszeit der Schwester nahm Fanny zum Anlaß, sich Märchen und Geschichten mit sagenartigem Charakter auszudenken und dadurch die Leiden der Schwester zu mildern. Sie erfuhr dabei, daß ihr Geschichtenerzählen unmittelbare Freude auslöste.[20] Mit den beiden Kranken, der Mutter und der Schwester, war sie gerne vor der Stadt im Freien und fühlte zum ersten Mal die Stimmung, eine Elegie zu schreiben.

In diesen Jahren ging es ihnen wirtschaftlich recht gut, zu ihrem erweiterten Bekanntenkreis gehörten nun Professorenfamilien und aus

---

20 Es sind ihre einzigen Erzählungen bis 1841.

Berlin zugereiste Dozenten, die häuslichen Einladungen hätten darum aber kaum mehr Luxus als bisher aufgewiesen. Für die sechs Töchter sei nun allerdings ein wenig mehr „Putz" angesagt. Der Vater wurde zum Stadtrat „erwählt", was ihn besonders stolz machte, weil es bis dahin nur einen einzigen Juden jemals im Königsberger Stadtrat gegeben hatte.

Für die 25jährige Fanny hatte der Vater einen Bewerber gefunden, einen zum Landrat erwählten Assessor aus der Tuchler Heide. Er wurde sonntags zum Essen ins Lewaldsche Haus eingeladen und erzählte von seinem Haus und seinen Freizeitbeschäftigungen, dem Hyazinthenzüchten und dem Krebsefangen. Obwohl die Schwestern in den folgenden Tagen schon ihre Scherze über ihn machten, schienen die Eltern ihn als angehenden Schwiegersohn zu billigen. Fanny empörte sich über das Verhalten ihrer Eltern und fand den Heiratskandidaten „widerwärtig", auch wenn sie „nicht eines anderen Mannes Bild und eine leidenschaftliche Liebe für denselben im Herzen getragen" hätte. (ML, II, S. 133) Es kam zu einer großen Auseinandersetzung Fannys mit ihrem Vater, schließlich akzeptierte er ihre Einstellung. Für die junge Frau aber war dieses Vorkommnis der Anlaß dafür, daß sie sich innerlich ziemlich von ihrem Vater löste, und es ihr klar wurde, daß sie ihr Leben sowie den Unterhalt ihres Lebens selbst in die Hand nehmen müsse. Während die Mutter über Fannys Ablehnung sichtlich verstimmt war, verhielt sich der Vater so, als ob nichts vorgefallen sei.

Fanny machte Näharbeiten und erteilte Musikunterricht innerhalb der Familie, sie notierte ihre Leistungen und bekam sie honoriert. Ihre Eltern tadelten gelegentlich ihre Einstellung, der Vater meinte, daß sie „unberechtigte Ansprüche an das Leben" erhebe und die Mutter äußerte, es sei „traurig, daß (Fanny) der rechte Sinn für das Familienleben" abgehe. (ML, II, S. 151) Als willkommene Abwechslung lernte sie Englisch. 1832 kamen die Briefe Rahel Varnhagens heraus. Die Aussprüche Rahels, besonders über die Wahrheit, machte sich Fanny zu eigen, sie bewunderte deren „Beharrlichkeit und Unermüdlichkeit im Aufrechterhalten ihrer Überzeugungen". (ML, II, S. 157) Tröstlich war ihr auch die Gegenwart des Rechtsanwalts Crelinger, er wohnte etwa vier bis fünf Jahre im Hause Lewald, das die Familie in der Zeit als Eigentum erwarb. Einige Zeit lang hielten sich der Schauspieler Carl von Holtei und der Schauspieler Schall bei ihnen auf . Auguste

Crelinger reiste mit ihren Töchtern an, sie waren allesamt Schauspielerinnen. Fanny Lewald erwähnt die Schauspielerin Sophie Schröder, die sie aus vorhergehenden Aufführungen kannte, und deren Tochter Wilhelmine Schröder-Devrient.[21]

Politisch herrschte in diesen Jahren absolute Stille. Weitere Demokratiebestrebungen stagnierten. Unregelmäßig bekam sie Post von Heinrich Simon, er war Assessor beim Kammergericht in Berlin geworden und wechselte zum Oberlandesgericht in Magdeburg über. Fünf Jahre waren dahingegangen. Die Mutter wurde bei allen besonderen Vorfällen wegen ihrer schwachen Gesundheit sehr geschont. Seit 10 Jahren verbrachte sie die Sommer auf dem Lande, unterstützt von ihren Töchtern.

Im Januar 1839 erhielt Fanny einen Brief von Heinrich Simon, in dem er ihr mitteilte, daß er eine Beziehung zu der Schriftstellerin Gräfin Ida Hahn-Hahn habe. Eine Welt stürzte für Fanny zusammen. Um ihre Gesundheit stand es damals ohnehin nicht zum besten, sie kleidete sich von nun an zurückhaltender, die „Entsagung" machte ihr viel zu schaffen.

Ihr (jüngster) Bruder hatte seine medizinischen Examen abgeschlossen. Sein Wunsch, Schiffsarzt zu werden, wurde von der Familie nicht gebilligt, man wollte ihn am Ort behalten. Schließlich aber mußte er wegen der gerichtlichen Verfolgung eines zurückliegenden Duells das Weite suchen, er beabsichtigte, in Rußland eine Arztpraxis aufzumachen. Die Stadt Königsberg wurde wieder von einem großen Hafenbrand heimgesucht, den David Lewald, der Vater, an entscheidender Stelle bekämpfen konnte.

Ab und zu schrieb Fanny kleine Schilderungen für sich, und gelegentlich schickte sie sie ihrem Cousin August Lewald, der in Berlin die Zeitschrift „Europa" redigierte, Schilderungen über das, was in Königsberg passierte. Seine Mutter wohnte noch dort, und in ihrem Namen wurde Fanny verpflichtet, nach Berlin zu berichten. August Lewald hatte Königsberg etwa 1816 verlassen und interessierte sich immer noch für seine Vaterstadt. Mittlerweile hatte Fanny herausgefun-

---

21 Wilhelmine Schöder-Devrient (1805-1860), Opernsängerin. Fanny Lewald widmet ihr ein literarisches Porträt in ihrem Buch „Zwölf Bilder nach dem Leben", 1888.

den, daß er einzelne Nachrichten aus ihren Briefen für seine Zeitschrift verwendete.

Ende 1839 nahm ihr Vater sie wieder mit auf die Reise. Nach sieben Jahren in Königsberg würde sie wenigstens den Winter in Berlin verbringen. Das Quartier bei dem nicht besonders bemittelten Onkel war recht bescheiden, aber der Aufenthalt in Berlin war für Fanny Lewald dennoch eine Wohltat, weil sie sich oft im Hause der Familie Bloch aufhielt, die in Berlin ein großes Haus geführt hatten. Herr Bloch war ehemals Agent der Königlich Preußischen Seehandlung und nun mit der Gründung der Anhalter Eisenbahn beschäftigt. Früher waren Rahel Varnhagen, Heinrich Heine, die Schauspielerin Sontag, Hegel, die Humboldt-Brüder und andere Berliner Professoren ihre Gäste gewesen. Frau Bloch, die früher auch aus Königsberg fortgegangen war, „um in Berlin sich selber zu leben" (ML, II, S. 239), nahm sich Fannys an.

Fünf Monate blieb Fanny Lewald in Berlin, es herrschte „noch eine gewisse patriarchalische Harmlosigkeit". Während man zu Ehren der 100. Wiederkehr des Regierungsantritts von Friedrich dem Großen ein Denkmal aufstellte, starb der alte König Friedrich Wilhelm III. Nach dem Begräbnis fuhr Fanny auf Veranlassung ihres Vaters allein wieder nach Königsberg zurück. In Königsberg - mit damals 60.000 Einwohnern - wurde die Krönung Friedrich Wilhelms IV. vorbereitet. Es wurde ein großes Ereignis, an dem auch ihr Vater als Stadtrat beteiligt war. August Lewald bat Fanny, ihm einen Bericht über die Huldigungsfeierlichkeiten in Königsberg für die Zeitschrift „Europa" zu schicken. Fanny war darüber einerseits sehr beglückt, aber andererseits von ihren schriftstellerischen Fähigkeiten noch wenig überzeugt.

Bald verspürte sie jedoch das Verlangen, über die verflossenen sieben Jahre zu schreiben, dachte an einen Roman, der ihr allerdings zur Zeit noch unmöglich erschien. Sie schrieb schließlich ein Märchen, ein modernes Märchen von 24 Seiten, zum Teil in einer Art Briefstil. Eine kleine, eher realistische Erzählung entstand im Anschluß. Ihr älterer Bruder war ihr ein wichtiger Kritiker. Sie schickte das Märchen und die kleine Erzählung an ihren Vetter, der sich in Baden-Baden aufhielt. Er bestätigte noch einmal, daß ihr Hang zum Schreiben und ihre ganze Veranlagung günstige Voraussetzungen für den Beruf der Schriftstellerin seien. Umgehend schickte er ihr das Honorar für das abgedruckte

Märchen. Daraufhin hatte Fanny ein längeres Gespräch mit ihrem Vater über den Schriftstellerinnenberuf. Sie bat ihn ausdrücklich um sein Einverständnis, Schriftstellerin werden zu dürfen, machte ihn aber gleichzeitig darauf aufmerksam, daß sie als Schriftstellerin späterhin keine familiären Rücksichten nehmen könne. Er war einverstanden, nur seine Bedingung war, dafür zu sorgen, daß niemand etwas von ihrer Schriftstellerei erführe.

Der dritte und letzte Teil der „Lebensgeschichte" Fanny Lewalds beginnt damit, daß sie ihr erstes Honorar von ihrem Berliner Vetter August Lewald erhielt, das ihr ihr Vater in acht „harten Talerstücken" aushändigte. Anstatt überglücklich zu sein, ihr erstes selbstverdientes Geld in Händen zu haben, fühlte sie sich „wie aus einer angestammten Kaste ausgestoßen". (ML, III, S. 3) Gedanklich war sie jetzt mit der Konvenienzehe befaßt. Sie orientierte sich an den Charakteren und Verhältnissen, die sie kannte, und schrieb im Laufe eines Monats ihren ersten Roman „Clementine". Ihr Bruder, der Jurist, übernahm die Korrekturaufgabe.

Zur Freude an ihren Romangestalten „gesellte sich nun noch die Wonne hinzu, durch ihre Vermittlung Alles sagen zu können, was mir seit so vielen Jahren auf dem Herzen gelegen hatte, und es sagen zu können, ohne daß man mich zurecht wies, ohne daß man mir widersprach, ohne daß ich mich zu mäßigen und Rücksicht zu nehmen und ohne daß ich es zu meiner Verteidigung zu sagen brauchte." (ML, III, S. 18)

In ihrem Abscheu vor der Vernunftheirat ging sie soweit, diese unmittelbar mit Prostitution in Verbindung zu bringen. Beim Schreiben empfand sie ganz stark das Gefühl der Befreiung, sie vergleicht das Bekennendürfen mit der „Freiheit eines Märtyrers":

„Es war mir, als hätte ich ... einen Freiheitskampf bestanden ..., wenn ich solche Worte vor mir auf dem Papier hatte, wenn ich mir dachte, daß mein Vater sie lesen, sie als meine Überzeugung vor der Öffentlichkeit ausgesprochen lesen würde." (ML, III, S. 21)

Dieser Befreiungsakt hatte Fanny Lewald so viel Kraft gekostet, daß sie danach vorübergehend an einem Nervenleiden mit Herzkrampf, Angstschweiß und Weinkrämpfen erkrankte. Aber allen, sogar dem Arzt, wurde ihre schriftstellerische Arbeit und somit der psychische Hintergrund ihres Zustandes verschwiegen.

Von Anfang an bestand sie auf gründlicher handwerklicher Arbeit beim Schreiben. Das Dichten ohne handwerkliche Voraussetzungen erscheint ihr wie „das Beten im stillen Kämmerlein und nicht in der Öffentlichkeit, wo dann die Männer spotten." (ML, III, S. 29) Die letzte Abschrift erhielt der Vater zum Lesen. Acht Tage später bekam sie ihr Manuskript mit den Worten zurück: „Es liest sich ganz gut, es ist ganz hübsch." (ML, III, S. 31) Inhaltlich würde ihr Vater, seitdem er ihr die Schriftstellerinnenkarriere erlaubt hatte, konsequenterweise niemals Anstoß nehmen. „Von der Stunde ab, in welcher er mich", so schreibt sie voller Anerkennung und Bewunderung für ihren Vater, „als freie Persönlichkeit seiner natürlichen Zucht entlassen, hat er meine Freiheit und mein Recht auf Selbstbestimmung respektiert, wie er diesen Respekt für sich und seine Handlungen von jeher und von Jedem beanspruchte." (ML, III, S. 63)

Oder ist seine Reaktion die Folge einer sich einstellenden Schwäche, seiner psychischen Angeschlagenheit? Sein jüngster Sohn war als Arzt in Rußland erkrankt, seine kränkliche Frau wurde ein Pflegefall im eigenen Haus. Das Haus war leer und freudlos geworden, auch der freundliche Untermieter und jahrelange Hausgenosse Rat Crelinger zog aus. Eine weitere Sorge des Vaters waren seine sechs unverheirateten Töchter.

Fanny Lewald hatte bereits ihren neuen Roman „Jenny" begonnen, damit möchte sie dem Judenhaß der Christen, der sie zeit ihres Lebens gequält hat, durch Schreiben begegnen: „Ich fühlte eine wahre Leidenschaft, alles zu sagen, was ich auf dem Herzen hatte" (ML, III, S. 60) Während sich die junge Schriftstellerin in einem wahren Arbeitsrausch befand, ging das Leben ihrer 50jährigen Mutter zu Ende. Innerhalb der Familie ordnete der Vater ein Trauerjahr an. Vier Schwestern führten abwechselnd den Haushalt, ein genaues Budget wurde aufgestellt, Öde machte sich im Hause breit, und Todesgedanken waren allgegenwärtig. Neben der Hausarbeit widmete sich Fanny Lewald dem Schreiben, ihre Figuren beschäftigten sie bis tief in die Nacht in ihrer Eigendynamik. Die Belastung war so stark, daß ihre körperliche Verfassung Schaden nahm. Über ihren Vetter August fand sie zufällig einen Verlag für ihr entstehendes Buch.

In der Politik wurden die Hoffnungen, die man allgemein auf Friedrich Wilhelm IV. gesetzt hatte, enttäuscht.[22] Der 35jährige Dr. Johann Jacoby, Hausarzt und Freund der Familie Lewald, wurde durch liberale politische Schriften bekannt. Er und seine Gesinnungsgenossen, einige Königsberger Professoren, Doktoren und Prediger, praktizierten friedliche politische Agitation. Fanny Lewald begeisterte ihr Mut. In gleichem Maße stand sie hinter den Männern und Frauen, die für die Halleschen Jahrbücher[23] schrieben. Sie teilte deren Sorge um „die Zukunft der Menschheit" und ihre Ansichten über die Aufgabe der Literatur: „Die Leser durch zerstreuende Unterhaltung zu amüsieren, fiel ihnen gar nicht ein." (ML, III, S. 42) Ganz sicher war das geistige Umfeld dieser Königsberger Jahre für ihre schriftstellerische Entwicklung ausschlaggebend und prägte ihre politische Einstellung. Aus ihrer späteren Erfahrung - als Schriftstellerin von 1840 bis 1860 - fügt sie in ihre Lebensgeschichte im Hinblick auf die zeitgenössische Literaturkritik folgendes zur eigenen Rechtfertigung ein:

„War es mir nicht vergönnt, wie die Männer in meiner Nähe und wie die Mitarbeiter der Jahrbücher im offenen und entscheidenden Kampfe mitzufechten, so wollte ich ihnen wenigstens unter der Schutzwehr der Dichtung so gut ich es vermochte, die Kugeln zutragen helfen. Von meinem ersten Roman bis zu diesen gegenwärtigen Geständnissen über mich selbst, habe ich es als meine größte Aufgabe betrachtet, in meinen Arbeiten dichtend den Zwecken und Tendenzen zu dienen, welche mir Ideal und Religion sind, seit ich zu denken gelernt habe. Das heißt der Tendenz, so weit sie Sache des menschlichen Interesses und nicht der abstrakten Parteinahme ist. Denn nur die Erstere ist wesentlich die Aufgabe des Dichters, und ich bin mir bewußt in meinen Arbeiten, ebenso wie ich meine Überzeugung vertrat, auch die mir entgegenstehenden Ansichten und Überzeugungen, so weit ich sie nachzudenken vermochte, mit dem Respekt ausgestattet zu haben, welche die poetische Unparteilichkeit dem Dichter zur Gewissenssache

---

22 Friedrich Wilhelm IV. dachte nicht im Ernst an eine Kooperation mit der Paulskirche, und die preußischen Machteliten verachteten das „nationale Hirngespinst" (Wehler) und scheuten vor dem Hegemonialkrieg im Bund zurück.
23 Die „Halleschen Jahrbücher" waren liberale, weitverbreitete Presseorgane, an denen u. a. Adolf Stahr, während er Lehrer am Halleschen Pädagogium war, mitgearbeitet hatte.

macht ... Es hat mir daher auch keinen Kummer verursacht, wenn man mir damit einen Vorwurf zu machen geglaubt, daß meine Tendenzen durchzufühlen seien." (ML, III, S. 46f.)

Die Judenemanzipation sowie die Unterdrückung der Juden war Anfang der vierziger Jahre sowohl in der Lebenswirklichkeit als auch in der Literatur ein gängiges Thema. Mit innerer Freude stellte Fanny Lewald etwas später fest, daß zur gleichen Zeit sich auch ihr Vetter Heinrich Simon als Jurist mit dieser Thematik befaßt hatte, nämlich mit dem Recht der Juden auf staatliche Anerkennung und bürgerliche Gleichstellung. Mit ihm teilte sie auch das „Gefühl der Würdigkeit", und dadurch entwickelte sich ihr „Bewußtsein, daß ich als Schriftsteller lehrend und berathend vor den Menschen dastehe, zu einem Antrieb der Selbsterziehung ... Ich wollte mich und meine Werke in Einklang bringen". (ML, III, S. 103) Als sie 1843 ihr erstes gedrucktes Buch in Händen hielt, erfuhr sie, daß man die greise Dame von Wollzogen für die Autorin hielt. Sie kam dadurch auf die Idee, Briefe ihrer Großtante an die Großnichte über die Erziehung der Kinder zu veröffentlichen und zusammen mit einem Aufsatz über die erbarmenswerte und aussichtslose Lage der weiblichen Dienstboten in Preußen an die „Ostpreußischen Provinzialblätter" zu schicken.

Die ersten Einnahmen von den Verlagen verwendete sie für eine Reise nach Berlin. Sie kurierte dort ihr hartnäckiges Nervenleiden, gelegentlich besuchte sie einen kleinen Salon im Hause der Familie Bloch. Sie folgte einer Einladung nach Breslau und genoß erstmals ihre Unabhängigkeit, obwohl sie bei ihren Verwandten nur dürftig untergebracht war und gänzlich ohne Komfort lebte. Die neue Selbständigkeit stellte sie zuweilen auf eine harte Probe. Wenn sie ohne gemietete Dienerbegleitung durch das dunkle, abendliche Berlin ging, wußte sie oft nicht, ob sie vor Selbstmitleid verzagen oder sich über ihre neue Lage freuen sollte.

Blochs rieten ihr, ihre Anonymität für ihre Karriere als Schriftstellerin aufzugeben. Sehr aufmerksam registrierte sie, nachdem sie ihren Vater für die Preisgabe ihres Namens gewonnen hatte, wie sie selbst auf das öffentliche Interesse an ihrer Person reagierte. Kritisch stellte sie fest, daß der neue Ruhm Verführungen barg und Äußerlichkeiten in den Vordergrund spielte. Der Schriftsteller Willibald Alexis riet ihr,

Buchexemplare an Bettina von Arnim und an Frau von Paalzow[24] zu versenden. Es werden für sie sozusagen erste „Public Relations" betrieben.

Gespräche mit der geschiedenen Frau Paalzow berührten die Thematik ihres neuen Romans „Eine Lebensfrage", den sie schon gedanklich konzipierte. Fanny Lewald lernte den Salon der Fanny Mendelssohn, einer Schwester Felix Mendelssohns, kennen und hörte erstmals Franz Liszt[25] spielen, mit dem sie später in Weimar in näheren Kontakt treten würde. Als sie die Aufforderung erhielt, anstelle von Ludwig Tieck einen Beitrag für den genealogischen Kalender zu liefern, schickte sie ihre Novelle „Der dritte Stand". Ihre Parteinahme für die unteren Schichten schüre die Gefahr eines Aufruhrs, so wurde befunden, und der Druck wurde gestoppt. Beinahe wäre die Erzählung der verlagseigenen Zensur zum Opfer gefallen, wenn man nicht schließlich festgestellt hätte, daß die Novelle „von einer Frau geschrieben" sei, was die Schriftstellerin Lewald fast noch mehr beleidigte als die Androhung der Zensur. Diese Episode veranlaßte sie, über literarische Kritik gegenüber Männern oder Frauen nachzudenken.

Sie bekam Gelegenheit, ihrem Vater, der einige seiner in Berlin ansässigen Kinder besuchte, bedeutende Einrichtungen in der Hauptstadt zu zeigen. Dabei bemerkte sie, daß ihm die Selbständigkeit seiner Kinder nicht so recht paßte. Sie lernte in Berlin noch „die letzten Zeugen der großen Vergangenheit" persönlich kennen: Alexander von Humboldt[26] und Geheimrat Varnhagen von Ense. Frl. Solmar, eine entfernte Verwandte von Rahel, teilte die Abende mit Varnhagen. Varnhagen sprach mit Fanny Lewald über ihre beiden Romane, besonders über die Judenproblematik, die er von Rahel kannte. Er ließ ihr Rahels Briefe

---

24 Henriette von Paalzow (1788-1847), ihre Ehe wurde 1821 geschieden, Rückkehr nach Berlin, Romanschriftstellerin, Salonnière.
25 Franz Liszt war mit Stahr-Lewald befreundet, sie trafen sich meistens in Weimar, er starb 1886, noch zu Fanny Lewalds Lebzeiten. Sie widmete ihm ein Porträt in „Zwölf Bilder nach dem Leben", 1888.
26 Alexander von Humboldt hatte Rahel Levin schon bei Moses Mendelssohn und Henriette Herz kennengelernt. Als er 1827/28 an der Berliner Universität Vorlesungen über „Physische Erd- und Weltbeschreibung" zu halten begann, wurde er Gast im Salon Rahel Varnhagen von Ense.

bringen und lieh sie ihr aus. Später besuchte sie Varnhagen mehrmals zusammen mit Stahr.

Als Fanny ihre Breslauer Tante zur Kur nach Teplitz begleitet hatte und anschließend - auf Bitten des Vaters - mit ihrer jüngeren Schwester sieben Wochen zur Kur in Franzensbad weilte, wurde sie in einer Leihbücherei von einer etwa 50jährigen Leserin angesprochen und auch anderweitig von Menschen erkannt, denen ihre Bücher in einsamen Stunden Freude bereitet hatten. Diese Episode zeigt, wie sehr sie ihre beginnende Popularität genoß, verständlicherweise mit dem Hinweis auf den Wert des Lesens. Die Schriftstellerin arbeitete an der Scheidungsproblematik, die literarische Basis sind Goethes „Wahlverwandtschaften". Daß sie bald darauf selbst mit dem Thema konfrontiert würde, konnte sie noch nicht ahnen.

1845 kam sie zum letzten Mal nach Königsberg, sie genoß das Kindsein neben ihrem Vater ein letztes Mal. Als Schriftstellerin fühlte sie sich hier in ihrer Heimatstadt fremd und schließlich auch zu Hause eingeengt. Mit ihrem Vater besprach sie ihre geplante Auslandsreise. Bis dahin machte sie sich mit den aktuellen literarischen Werken ihrer Kolleginnen vertraut. Sie verehrte George Sand,[27] vor allem weil ihre Figuren der Welt der Arbeit verpflichtet waren, im Gegensatz zu den müßiggängerischen Figuren der Gräfin Hahn-Hahn[28] mit ihrem „Mischmasch an Fremdwörtern" in den Romandialogen. Fanny Lewald beschloß, ihre Kritik in literarischer Form für die verhaßte Kollegin spürbar werden zu lassen, zumal sie ihre Beziehung zu Heinrich

---

27 George Sand, eigentlich Amadine L. A. Dupin (1804-1876), im englischen Kloster in Paris erzogen, Urenkelin des französischen Marschalls Moritz von Sachsen, verheiratet mit Baron Dudevant, 2 Kinder. Sie kam zurück nach Paris, wurde Journalistin und Romanschreiberin, zunächst romantisch-sentimentale Liebesromane, dann Wende zu politisch-sozialen Themen. Aufsehen erregte sie in ihrem männlichen Aufzug, wurde bespöttelt und geschätzt. Freundschaften und Liebschaften verbanden sie u. a. mit Liszt, Chopin, Berlioz, Delacroix, Balsac.
28 Ida Gräfin Hahn-Hahn (1805-1880), begann als Lyrikerin, bekannt wurde sie durch zahlreiche Romane aus der Welt des Adels, sie war ständig quer durch Europa auf Reisen. Schließlich konvertierte sie zum katholischen Glauben und trat gegen Ende ihres Lebens in ein Kloster ein.

Simon durch die Gräfin gestört sah. In den Jahren 1844-47 entstand eine Satire mit dem Titel „Diogena".[29]

Fanny Lewald hatte sich nun in Berlin eine eigene bescheidene Wohnung gemietet. Das Alleinsein im Zimmer - ohne die beständige Gegenwart der Familie - war für sie etwas Neues, ebenso die Besuche von Menschen beiderlei Geschlechts. Nach Meinung schwatzhafter und tratschsüchtiger Zeitgenossen gefährdete diese Situation, die allenfalls bekannten Künstlerinnen zugestanden wurde, die Sittlichkeit von Frauen. Mit der Sensibilität der Schriftstellerin studierte Fanny Lewald die Reaktionen der Leute und reflektierte das Ansehen der Frauen und dessen Preis, dieses eingeschränkte Dasein, das für die Freiheit keinen Raum ließ. Im Laufe der folgenden Jahre würde sie die Problematik in ihre Romanentwürfe einbringen.

Ihre geplante Reise sollte nach Italien gehen, fast alle 14 Tage schickte sie ihrem Vater ein „Bändchen" eigener literarischer Produktion. Ihr Vater riet ihr, sich eine Reisebegleitung zu besorgen. Nachdem sie selbst eine eigene kleine Häuslichkeit hatte, lernte sie einen Kreis von interessanten Schriftstellerinnen kennen, deren Freundschaften sie lange begleiten würden, hierzu gehörten Luise Mühlbach,[30] die damals bereits einige Jahre verheiratet war und privat Klara Mundt hieß, und Therese von Bacheracht,[31] mit der sie sich auf dem Weg nach Italien in der Schweiz traf.

Fanny Lewald hatte schließlich eine 50jährige kundige Reisebegleiterin gefunden und etwas Italienisch gelernt. Mitte Juni reisten sie ab, ausgerüstet mit Reisepässen, Einführungsbriefen und Visa für die

---

29 Diogena (Pseudonym), Roman von Ida Gräfin Hahn-Hahn Leipzig (Brockhaus), 1847. Fanny Lewald parodierte darin die überspannten Romanheldinnen und nahm Anstoß an deren weiblicher Selbstsucht. Diese Romansatire wurde vom Publikum gut aufgenommen, man hatte einen männlichen Autor erwartet.
30 Luise Mühlbach (Pseudonym für Clara Mundt, geb. Müller, 1814-1873), sie fühlte sich den jungdeutschen Autoren verbunden. Ihr Themenbereich war dem Fanny Lewalds ähnlich, sie führte wie sie einen Salon in Berlin. Ihr literarisches Gesamtwerk umfaßt mehr als 250 Bände.
31 Therese von Bacheracht (Pseudonym: Therese, 1804-1852), sorgfältige Ausbildung (ihr Vater war russischer Gesandter in Hamburg), Schönheit und Konversationstalent zeichneten sie aus. Liebesfreundschaft mit dem Schriftsteller Carl Gutzkow, auf dessen Anregung sie zu schreiben begann. Sie unternahm viele Reisen in fremde Länder und starb auf Java.

verschiedenen Länder. Der letzte Teil ihrer „Lebensgeschichte" schließt damit, daß sie den Simplon-Paß passierten und sich im Süden befanden. Der Süden würde Fanny Lewald ähnlich begeistern, wie er viele deutsche Italienreisende begeistert hatte, besonders nachhaltig Johann Wolfgang Goethe. Auch er schließt seine Autobiographie mit der Ankunft in Italien.

3.1. Fanny Lewald in ihrer Zeit

Das politische Interesse Fanny Lewalds nimmt in ihrem Leben und Werk einen breiten Raum ein. Es hat bereits begonnen während ihres platonischen Liebesverhältnisses mit Leopold, dem Kandidaten der Theologie, der bei ihrem Vater um ihre Hand anhält. Er gehört mit Leib und Seele zu den Deutschen Burschenschaftlern und hat „die ganze Leitung" ihrer Lektüre übernommen, was die knapp 17jährige Fanny - und auch die beinahe 50jährige noch - als „großen Vorteil" für sich empfindet:

„Sie (die Lektüre) wurde nicht ernster dadurch, denn ernste Sachen hatte mein Vater mir selbst gegeben, aber sie wurde einem jungen Mädchen angemessener ... Nun lernte ich Körner[32] in seinen Liebesgedichten kennen, und die Ideen der Liebe und des deutschen Vaterlands begannen sich in mir zusammenzuschmelzen, wie sie in Körner verschmolzen gewesen waren ... Jetzt fing ich an zu empfinden, daß sie schön und heilig seien, und die Erinnerung an die Freiheitskämpfe des Vaterlandes, die mir sonst nur als große, heldenhafte, historische Momente vorgeschwebt ... gewannen für mich eine neue Bedeutung, eine versittlichende und erhebende Kraft ... Mein Gemeingefühl für ein einiges deutsches Vaterland danke ich jenen Tagen der ersten Jugendliebe." (ML, I, S. 193f.)

Als selbständiger Kaufmann ist ihr Vater von den politischen Ereignissen unmittelbar abhängig. Die Julirevolutionen 1830 im Westen und vor allem im Osten und die verzweifelten Befreiungsversuche der Polen, dem russischen Zarenreich zu entkommen, haben Einfluß auf die Grenz- und Zollverhältnisse im angrenzenden Preußen und bestimmen dadurch Gewinne und Verluste des Kaufmanns. Informationen über die Tagespolitik, Orientierung an politischen Strömungen und das schnelle Reagieren auf Warenangebot und Warennachfrage sind Fanny Lewald sozusagen von Haus aus vertraut.

Dennoch hat sie es verstanden, wobei ihr das allgemeingültige weibliche Rollenverständnis gut zustatten kam, sich innerhalb des vä-

---

[32] Theodor Körner (1791-1813), fiel als Lützower Jäger. Sein Vater war ein Freund Schillers. Nach Körners Tod wurde seine jugendlich-enthusiastische Sammlung „Leier und Schwert" (1814) veröffentlicht.

terlichen Kaufmannsbetriebes eigene Erlebniswelten offenzuhalten. Entgegen aller anerzogenen Härte reagiert ihr Körper auf seelische Überforderungen mit „Nervenleiden", manchmal verbunden mit „Todesahnungen". Dabei gelingt es ihr jedesmal, sich in der schmerzerfüllten Zurückgezogenheit selbst zu therapieren, indem sie für sich neu entscheidet und einen gänzlich neuen Weg einschlägt. Zum Beispiel beginnt, nachdem sie von dem Tod Leopolds erfahren und die Trauer sie über alle Maßen körperlich und seelisch erschüttert hat, ihr Interesse „sich auf die Kreise der großen Welt zu richten, und die Schilderungen der großen weltberühmten Salons, die Schilderungen der berühmten Frauen, um welche sie sich gebildet." (ML, I, S. 257) 1832 gibt Varnhagen von Ense die Briefe seiner Frau Rahel heraus, der bedeutendsten Berliner Salonnière. Sie führte den Salon im Hause ihrer elterlichen Familie in der Glanzzeit der Berliner Salons zwischen 1780 und 1806 als einzige ledige Frau, die erst im Alter von 41 Jahren eine Ehe mit dem Diplomaten und Schriftsteller Varnhagen von Ense einging. Durch die Veröffentlichung der Briefe, die noch dazu einen hohen Grad von Authentizität besitzen, wird ihr Gedankengut einem weiten Kreis von Frauen vertraut, kommt Frauen entgegen, die sich bereits im Aufbruch befinden.

Es ist vor allem die Briefleidenschaft, die das literarische Leben der gebildeten Frauen, der adligen und der bürgerlichen, im 18. Jahrhundert produktiv ausgefüllt hat. Das Briefeschreiben nimmt ein solches Ausmaß an, daß es scheint, als wolle sich ein jahrhundertelanges Zurückhalten Bahn brechen. „Die Intension solcher Briefe zielte nicht nur auf den Intimbereich von Empfänger und Sender, sondern auf einen weit größeren Personenkreis. Briefe wurden vorgelesen, ausgeliehen und abgeschrieben und waren somit gewissermaßen öffentlichkeitsbezogen. Aber gerade die ‚publikumsbezogene Subjektivität' des Briefes verschaffte den Frauen das Entrée in die literarische Öffentlichkeit." (Möhrmann, 1977, S. 20)

Die junge Fanny ist geprägt durch ihre äußerst aktive Familie. Ihr Vater David Marcus (bis 1831) ist, obwohl er weder der älteste noch der jüngste Sohn ist, nur wegen seiner Tüchtigkeit, seiner Aktivität, von seinem Vater zur Führung des Handelsgeschäfts ausersehen worden. Die Tugenden, die die Autobiographin an ihrem Königsberger Schulleiter, Herrn Ulrich, hervorhebt: „Strenge Gewöhnung zur Ordnung und Selbstbeherrschung, feste Unterwerfung unter eine bestimmte Disziplin und möglichste Heranbildung zu innerer Freiheit" (ML, I, S. 64) gelten auch für ihren Vater und für sie selbst. „In der Rathgeberliteratur", schreibt Peter Gay über das bürgerliche Zeitalter, „scheint ... Selbstbeherrschung ... zu den kostbarsten Gütern des Lebens zu gehören und unabdingbare Voraussetzung wahrhafter Reife zu sein ... Nichts Geringeres nämlich wird mit ihr postuliert als der Triumph der Vernunft über die Leidenschaft, der höheren über die niedere Natur des Menschen." (Gay, S. 616)

Regula Venske prägt - in Anbetracht charakteristischer Merkmale - für die Schriftstellerin den Namen „preußische Jüdin".[33]

---

[33] Der von Regula Venske (Alltag und Emanzipation. Hamburg 1981) für Fanny Lewald geprägte Begriff taucht auch in dem von ihr herausgegebenen, preisgekrönten Kinderbuch auf (Ach Fanny!° vom jüdischen Mädchen zur preußischen Schriftstellerin: Fanny Lewald. Berlin 1988).

3.2. Die ersten Romane

Anstatt des zu Hause „vorgekaute(n) und abgeschmeckte(n) Literaturragouts", wie es Renate Möhrmann nennt (Möhrmann, 1977, S. 122), genießt die junge Fanny Lewald die „engagierte gemeinsame Auseinandersetzung mit den Fragen der Zeit" im Hause der Breslauer Verwandten. Ihre Exzerpte aus der Zeit sind noch heute - neben ihren Briefschaften und literarischen Entwürfen - in den Literaturarchiven von Berlin und Weimar erhalten und einsehbar. In der literarischen Runde im Hause Lewald in Breslau nimmt sie aktiv an den Gesprächen der Herren teil, unter ihnen Hoffmann von Fallersleben. Daß sie literarische Fähigkeiten besitzt, ist schon in Breslau aufgefallen, sowohl ihre Tante als auch ihr Vetter Simon versuchen sie zu schriftlichen Aufzeichnungen, und das nicht etwa im buchhalterischen Sinne, sondern in der Art von Erlebnisskizzen, zu ermutigen. Aber erst mit der entsprechenden Motivation, nämlich als Beschreibung der Verhältnisse in Königsberg für den fern in Berlin lebenden Vetter August Lewald, gelingen Fanny Lewald erste literarische Produkte. Die Autorenschaft spielt zunächst keine Rolle, es geht darum, überhaupt mit eigenen Texten in der Öffentlichkeit wahrgenommen zu werden, öffentlicher Kritik ausgesetzt zu sein, die, bei der starken familiären Eingebundenheit, die ganze Familie treffen könnte.

Es erscheint an dieser Stelle geboten, auf die großen Veränderungen einzugehen, die in der Öffentlichkeit vor sich gehen, erstens im Bereich des technischen Fortschritts und nolens volens im politischen Bereich angesichts des zunehmenden Liberalisierungsbegehrens der bürgerlichen Bevölkerung. Der Internationalismus der Revolutionäre von 1815-1830 wandelt sich zu national bestimmten Bewegungen, da die Voraussetzungen in den einzelnen Ländern zu unterschiedlich sind, gemäß der von dem Italiener Mazzini gegründeten revolutionären Intellektuellenbewegung „Jungitalien", in „Jungdeutschland", „Jungpolen", „Junge Schweiz", „Junges Frankreich".

In den 20er Jahren ist die Königsche Schnellpresse mit einer wesentlich höheren Druckgeschwindigkeit als bisher erfunden worden. Auch Drucktechniken wie die Stereotypie, die Galvanoplastik und Illustrationsverfahren wie Lithographie und Stahlstich werden verfügbar. Das Lesen wird dadurch abwechslungsreicher und billiger. Ein ganzer

Roman, der bisher z. B. „drei bis fünf Taler gekostet hat, ist in Lieferungsbändchen zu je acht Bogen für 15-20 Silbergroschen zu haben. Friedrich A. Brockhaus bringt das „Conversationslexikon" heraus, Carl J. Meyer die „Groschenbibliothek" und F. G. Franckh Übersetzungsreihen. „Übersetzungsfabriken" überschwemmen mit billigem Ausstoß den Büchermarkt, die deutsche Produktion droht ins Hintertreffen zu kommen. 99 Buchhändler schließen sich zum „Börsenverein des Deutschen Buchhandels" zusammen, um längst notwendige Regelungen durchzusetzen. Mit wachsender Politisierung des öffentlichen Lebens im „Vormärz", der Zeit zwischen 1815 und 1848, erscheinen neben billiger Belletristik massenhaft Broschüren, Flugschriften, Pfennigmagazine und Journale, „in Auflagen von 15.000 bis 20.000 Exemplaren statt früher 1000 oder 1500." (Wittmann, S. 115)

Gleichheitsideen zwischen den Geschlechtern werden nun von Männern, von Schriftstellern wie Gutzkow, Heine, Laube und Mundt, propagiert, sie entstammen dem aus Frankreich importierten Saint-Simonismus und meinen die „Emanzipation des Fleisches", dahinter verbirgt sich die Aufwertung der Sinneslust, die Idee von der „femme libre". Daß die „femme libre" natürlich als erstes mit der Konvenienzehe bricht, läßt die Frauen aufhorchen. Aber bei näherer Betrachtung vermissen sie die reale Bais, die existentiellen Möglichkeiten der neuen „freien Frau". Wie erreichen Frauen wirtschaftliche Unabhängigkeit? Daß hier ein Mißverständnis vorliegt, offenbart sich spätestens als die „Jungdeutschen" verlauten lassen, daß Frauen sozusagen von Natur aus auf Liebe eingerichtet und nicht für das Auftreten in der Öffentlichkeit gemacht seien. (Möhrmann, 1989, S. 5)

Liberale und nationale Massenbewegungen kommen allerdings gehäuft erst in den 1840er Jahren in Gang. „Angehörige bürgerlicher und zunehmend auch kleinbürgerlicher Schichten entwickelten in regionalen und nationalen Gelehrtenkongressen, Sängertagen und Turnfesten neue Formen öffentlicher Demonstration und Selbstdarstellung ... Die Ausdehnung und Verdichtung der überregionalen Kommunikation schufen erst jetzt eine Kontinuität politischer Aktion auf gesamtdeutscher Ebene." (Peter Brandt, In: Niethammer, S. 146)

In diesem Kontext müssen die ersten Veröffentlichungen von Fanny Lewald gesehen werden. 1843 erscheinen ihre beiden Romane „Clementine" und „Jenny" anonym bei Brockhaus, im selben Jahr folgen noch „Einige Gedanken über Mädchenerziehung" und „Andeutungen über die Lage der weiblichen Dienstboten".

Ähnlich wie Fanny Lewald finden auch andere Schriftstellerinnen im Vormärz über diese Art von Selbsttherapie den Weg in die Öffentlichkeit. Die Frustration durch die Konvenienzehe bietet z. B. auch für Mathilde Franziska Anneke[34] einen Anlaß, sich gegen die Abhängigkeit ihrer Rolle aufzulehnen. Sie sieht sich 1843, nach der Scheidung von ihrem herrsch- und trunksüchtigen Ehemann, als unmittelbares „Opfer der preußischen Justiz." (Möhrmann, 1989, S. 221) Louise Aston, Tochter einer Gräfin und eines Pfarrers, trotz des unkonventionellen Elternpaares in eine Konvenienzehe gezwungen, rebelliert so heftig, daß sie, noch bevor 1847 ihr Roman „Aus dem Leben einer Frau" erscheint, als „staatsgefährliche Person" aus Berlin ausgewiesen wird. Mit dem Artikel „Das Recht der freien Persönlichkeit ist in mir beleidigt" wendet sie sich, um den Verleumdungen um ihre Person Einhalt zu gebieten, mit folgenden Worten an die Öffentlichkeit: „Eine Frau, die ihre Privatangelegenheiten vor das Forum der Öffentlichkeit bringt, muß entweder grenzenlos eitel sein oder von der äußersten Notwendigkeit zu diesem Schritte gezwungen werden, einer Notwendigkeit, gegen welche sich aus falschem Schamgefühl zu sträuben ebenso feig als ehrlos wäre. In diesem letzten Falle befinde ich mich". (zit. n.: Möhrmann, 1989, S. 66)

In Fanny Lewalds tagebuchartigen Eintragungen, die nach ihrem Tod von Ludwig Geiger mit ihrem vorhergehenden Einverständnis veröffentlicht werden, finden sich am 13. Juli 1871 zu ihren ersten beiden Romanen, ihrem ersten öffentlichen Auftreten als Schriftstellerin, folgende Bemerkungen:

„Alle meine ersten Romane - die Stahr die pathologischen nennt, und mit Recht so nennt, weil ich mich in ihnen ab- und aufzuklären trachtete, gingen aus bestimmten Gedanken hervor, mit denen ich mich lange beschäftigt hatte, und mit denen ich für immer fertig war, wenn

---

34 Mathilde Franziska Anneke (1817-1884), nach der Scheidung schriftstellerische Tätigkeit, Ehe, 4 Kinder, sozialdemokratisches Engagement in Köln, Herausgabe der „Neuen Kölnischen Zeitung", Zensurverfolgung, Flucht in die Schweiz, danach in die USA, dort Gründung einer Mädchenerziehungsanstalt. Sie wurde eine der aktivsten Mitarbeiterinnen der amerikanischen Frauenbewegung.

ich die letzte Seite des Buches geschrieben hatte. In den ersten - ‚Clementine' und ‚Jenny' - war das Arbeiten in sofern ganz subjektiv, als ich ... mich selbst in gewissen Seiten meiner Natur zum Modell hatte - und auch für die anderen Figuren hatte ich Modelle, die ich zum Teil jedoch nur in sofern benutzte, als ich das Typische an ihnen festhielt." (Lewald, 1900, S. 153)

Brigitta van Rheinberg subsumiert das Frühwerk Fanny Lewalds von 1840 bis 1845 unter „Schreiben als Chance zur Selbstbefreiung". Anders als Louise Aston tat Fanny Lewald diesen Schritt in die Öffentlichkeit im Bewußtsein, Schriftstellerin und Frau zu sein, beides untrennbar in einer Person und in voller Verantwortung für den literarischen Text vollzogen. Es beleidigte sie jedesmal, wenn „die Kritik die weiblichen Dichter in der Mehrzahl mit einer vornehmen Herablassung oder mit einer Art von Galanterie" behandelte. (ML, III, S. 52) Nur anfangs hatte sie ihre ersten literarischen Arbeiten an ihren Vetter August Lewald mit einem Männernamen unterzeichnet. „Ich hatte mein Recht haben wollen", erläutert sie in ihrer Biographie. „Meinem Vater hatte diese meine Absicht zugesagt, Lewald hatte aber davon Nichts wissen mögen. So war denn mein erster Roman, ‚Clementine', ohne alle Bezeichnung, der zweite, ‚Jenny', als ein Roman von der Verfasserin der ‚Clementine' erschienen, und ich hatte die Belustigung genossen, daß man nach dem Erscheinen der ‚Jenny' diesen Pseudonym, wunderlich genug, als den Versteck eines männlichen Schriftstellers anzusehen beliebte." (ML, III, S. 53f.)

Eine Autobiographie dagegen schließt ein solches Versteckspiel des Autors, der Autorin aus. Kay Goodman unterscheidet zwischen Autobiographie und Memoirenliteratur dergestalt, daß „Memoiren objektive Geschehnisse anführen und Erinnerungen und Eindrücke vermitteln" und in einer Autobiographie versucht wird „persönliche Erfahrungen auszudrücken und ihnen Bedeutung zu verleihen." (zit. n.: K. Goodman, In: Paulsen, S. 125) Im folgenden wird jedoch an den Titeln der Autorinnen auffallen, daß diese klare Unterscheidung zum Zeitpunkt der Abfassung nicht vorgenommen wurde, und die Grenzen fließend sind. Sie weist darauf hin, daß man „bei der Abfassung einer Autobiographie zumeist auch mit dem öffentlichen Interesse an dem da beschriebenen Leben" rechne und daß darum erst um die Mitte des vorigen Jahrhunderts. als die Frauen „öffentliche Beachtung für ihre sozialen Leistungen zu fordern" beginnen, das Schreiben von Autobiographien der Frauen einsetzt, ausgelöst durch den „Aufstieg einer starken egalitären Bewegung und dann die Existenz weiblicher literarischer Modelle." (Ebd., S. 127) Nicht verschwiegen werden dürfen die weiblichen Vorbilder aus dem fortgeschrittenen Ausland wie Madame de Stael[35] und George Sand.

In dem geistigen Klima des Vormärz beginnen deutsche Autorinnen ihre Biographien zu veröffentlichen: Louise Aston „Aus dem Leben einer Frau" (1846) und Fanny Lewald „Meine Lebensgeschichte" (1860), die eine dem Großbürgertum zuzurechnen, die andere dem niederen Adel angehörig. Malwida von Meysenburg, als radikale Demokratin adliger Herkunft nach England emigriert, verfaßt die „Memoiren einer Idealistin" (1869/1876) in zwei Bänden. Mit größerem zeitlichen Abstand erscheint eine weitere Reihe von Autobiographien um die Jahrhundertwende. Der Wert der Autobiographien von Frauen besteht vor allem darin, das weibliche Selbstbewußtsein zu stärken, Bewegungen zu initiieren und Selbstreflexionen anzuregen.

„Wenn Autonomie u. a. die Erweiterung des Handlungsspielraums für Individuen bedeutet, die zu bisher in irgendeiner Weise diskriminierten Gruppen gehören, so erscheint eine solche Erweiterung nur erreichbar, wenn es dieser Gruppe gelingt, am politischen Entscheidungsprozeß in entsprechender Weise zu partizipieren." (F. Ronneberger, Opladen, 1980, S. 76) Letztlich bedeutet diese Art von Autonomie die „Öffnung von gesellschaftlichen Klassensystemen" und immer auch einen „Lernprozeß, der die notwendigen Kompetenzen weiter erhöht." Unter diesen Bedingungen muß das Schreiben von weiblichen Biographien in der Mitte und dann nochmals am Ende des vergangenen Jahrhunderts gesehen werden. Die „didaktische Autobiographie" (Schneider, S. 288) der Fanny Lewald scheint in ganz besonderer Weise das Resultat autonomen Handelns, wenn folgende Definition dafür

---

35 Madame de Stael, Baronne de Schleswig-Holstein (1766-1817), Tochter des Bankiers J. Necker, 3 Jahre verheiratet mit dem schwedischen Gesandten Baron de Stael. Sie bildete den Mittelpunkt des bedeutenden Pariser Salons mit Mme de Recamier. Wegen ihres Einflusses und ihrer Kritik läßt Napoleon sie ausweisen. Auf ihrer Deutschlandreise nimmt sie Kontakt auf zu den Vertretern der Weimarer Klassik. Durch ihre Schriften gehört sie zu den Wegbereitern der französischen Romantik.

zugrunde gelegt wird: „Autonomes Handeln soll ein Handeln heißen, in welchem die handelnde Person Handlungszwecke ‚selbständig' setzt und begründet und diese Zwecke wie ihre Begründungen - im Falle einer ‚Konfliktsituation'- zur Disposition zu stellen bereit ist." (zit. n.: F. Ronneberger, 1981, S. 15)

3.3. Das Elternhaus

Nachdem die Französische Revolution die traditionelle Rollenverteilung zwischen Mann und Frau zugunsten von Partnerschaftlichkeit und Gegenseitigkeit beeinflußt hat, bewegt sich die Entwicklung im Zeitalter der Restauration mithilfe des monarchistischen Leitbildes wieder gegenläufig. Das Autoritäts- und Abhängigkeitsdenken verstärkt sich und erstarrt zusehends gegen Ende des 19. Jahrhunderts: „die häusliche Erziehungsgewalt des Vaters, überhöht fast in die Rolle des gottväterlich-absoluten Herrn mit rigoroser Gehorsamsforderung, dehnt sich auch auf die Mutter aus, die Hausfrau, die als Familienmutter nie zuvor eine so untergeordnete und unselbständige Stellung innerhalb der Familie innegehabt hat." (Weber-Kellermann, S. 118)

David Markus (der Name Lewald wurde erst ab 1831 geführt), der Vater der Schriftstellerin Fanny Lewald, nimmt seine Aufgabe als Familienvater ohne Zweifel patriarchalisch wahr. Obwohl Yvonne Schütze in ihrer Auseinandersetzung über „Elternrollen in der bürgerlichen Familie des 19. Jahrhunderderts" den Vater Fanny Lewalds nicht mehr dem „Hausvater", der sich „noch auf eine uneingeschränkte Autorität berufen" konnte, zuordnet, sondern dem neueren Familientypus, wo „das Oberhaupt der Familie zwar auch noch eindeutig an der Spitze einer hierarchischen Familienstruktur" stand, „gleichwohl aber hatte sich im Umgang mit den Kindern das Rousseausche Erziehungsideal mindestens auf der normativen Ebene bereits durchgesetzt." (Y. Schütze, In:Frevert, 1988, S. 121)

Er organisiert das Leben seiner acht Kinder, bezieht seine Frau und seine Kinder in seine Planungen ein und bestimmt im wesentlichen die Organisation des gesamten Hausstandes. Die „hierarchische Rangordnung der Geschlechter wird dem Mädchen zunächst durch das Familienleben klar ... Das Leben des Vaters ist in ein geheimnisvolles Prestige gehüllt ... Er ist die Inkarnation des abenteuerlichen, weiten, schwierigen und wunderbaren Universums draußen." (S. de Beauvoir, 1994, S. 357) Anstelle einer weiterführenden Schulausbildung oktroyiert der Vater seiner intelligenten Tochter Fanny, nachdem die Ulrichsche Privatschule ihre Pforten geschlossen hat, ein tägliches Arbeitspensum auf, das sich aus praktischer Arbeit und Übungen im Lesen, Schreiben und Rechnen sowie am Klavier zusammensetzte. Er stellt nicht nur die Übungen zusammen, sondern er überzeugt sich auch von der Durchführung. Die Lektüre seiner Tochter bestimmt er ausschließlich, Unterhaltungsromane sind ausgeschlossen. Dabei sind allerdings seine guten Absichten, die intellektuellen Fähigkeiten seiner Tochter zu fördern, so offensichtlich, daß Fanny sich allem vertrauensvoll und willig unterzieht.

Die harten Erziehungspraktiken des Vaters, die sie verläßlich und selbständig und zum Vorbild für die Geschwister machen sollen, prägen diese Jahre, z. B. fordert er einen Kostenvoranschlag für eine geplante Handarbeit, er droht, die angefangene Arbeit zu zerstören, falls sie nicht rechtzeitig fertig werde. Er demütigt sie spürbar, jedoch nicht in Gegenwart anderer. Wenn sie nachlässig ist, traktiert er sie regelrecht. Sein Lob dagegen ist immer nur kurz: „Du hast vernünftig gehandelt." (ML, I, S. 183) Die Abhärtungsmethoden des Vaters werden von der Autobiographin später folgendermaßen kommentiert: „Und heute noch, so schwer mir damals häufig seine Strenge wurde, segne ich es, daß er kein unnützes Mitleid mit mir, daß er kein Erbarmen mit jenen Weichlichkeiten hatte, welche die Frauen in sich als weibliche Zartheiten kultivieren, und daß er nicht sowohl daran dachte, mir die Tage der Jugend leicht, als mich für das Leben zu meinem und zu anderer Menschen Nutzen brauchbar zu machen." (ML, I, S. 182)

Die Lektüre von Kants „Anthropologie" verstärkt in der Sechzehnjährigen den Willen zur Selbstbeherrschung und ihre Abneigung gegen die zur Schau getragene Hilflosigkeit der Frauen, genauso wie sie das galante Gehabe der Männer verabscheut. In ihrer Kritik gegenüber den Frauen reagiert sie noch entschiedener als ihr Vater, der die Stellung der Frau lediglich bedauert und betont, wie froh er sei, als Mann geboren zu sein. Schließlich weiß er keinen besseren Rat für die Frauen als die Heirat, mit dem Resultat, sie (die Frau) besitze dann alle Elemente der Zufriedenheit, und außerdem stehe es fest, daß die Frau die beste sei, von der man außerhalb ihres Hauses gar nichts wisse und nichts spreche. (ML, I, S. 186) Außer in Herzensangelegenheiten fühlt die junge Fanny keine Veranlassung, die Entscheidungen ihres Vaters anzufechten. In dieser Hinsicht reagiert sie jedesmal psychosomatisch und so nachhaltig, daß die Thematik ihrer ersten Bücher davon bestimmt wird.

Der Vater entscheidet über das Studium der beiden Söhne, billigt ihnen studentische Freiheiten[36] zu, während er Fanny, seiner Ältesten, bis in ihr drittes Lebensjahrzehnt vergleichbare Selbständigkeiten verweigert. Sie darf ihn zwar auf seiner Geschäftsreise an den Rhein begleiten - sie ist 21 Jahre alt, der Vater an ihrer Seite ein gutaussehender Anfang-Vierziger - aber als die Männer von Baden-Baden aus das Hambacher Fest besuchen, wird für sie ein Besuch des Festes gar nicht erst erwogen. Dennoch ist sie sich sicher, daß ihr Vater eine große Zuneigung zu ihr besitzt, er nennt sie auch noch in späteren Jahren manchmal „mein ältestes Kind".

Daß der Vaterkult bei der ältesten Tochter zwar bemerkenswert, aber nicht unüblich ist, erklärt Simone de Beauvoir: „Der Mann interessiert sich vornehmlich für seine erste Vaterschaft. Oft ist er es, der die ältere Tochter tröstet - wie er seinen Sohn tröstet - , wenn die Mutter von den Nachgeborenen in Anspruch genommen wird, und die Große schließt sich ihm leidenschaftlich an." (Beauvoir, S. 911) Und dieses Verhältnis beruht - auch bei Fanny Lewald - völlig auf Gegenseitigkeit: „Wenn der Vater seiner Tochter Zärtlichkeit entgegenbringt, fühlt sie ihre Existenz wunderbar gerechtfertigt. Sie hat alle Auszeichnungen, die andere sich mühsam erwerben müssen. Sie ist erfüllt, in den Himmel gehoben." (Ebd., S. 358)

Ludwig Börne, mit dem sie in Baden-Baden ein Gespräch geführt hat, hätte sie durch seine Rhetorik vor dem begeisterten Publikum beim Hambacher Fest sicherlich derart mitgerissen, daß sie schon ein Jahrzehnt früher ihrem Berliner Cousin spannende Berichte hätte liefern und ihre schriftstellerischen Fähigkeiten unter Beweis stellen können. Renate Möhrmann deutet dieses Hinauszögern psychologisch unter Berücksichtigung der unterschwelligen politischen Dimension: „In der sogenannten ‚heilen' patriarchalischen Biedermeierfamilie ... war die häusliche Eintracht am besten durch die längstmögliche Unmündig- und Hörigkeit seiner leiblichen Kinder gesichert: Eine solche Prolongierung der Kindheitsstufe gehörte zu den Hauptmaximen des

---

36 Hierzu gehört auch, daß der Vater das Mensurfechten seiner Söhne billigt. Peter Gay erklärt die Situation der jüdischen Studenten, die „um ihren Mut zu beweisen, den die Antisemiten ihnen beharrlich abstritten, sich genötigt (sahen), mit besonderer Überzeugung für die Mensur einzutreten." (Gay, S .37).

Paterfamilias, denn schließlich war seine Vaterfunktion nur solange motiviert, wie es Kinder gab. Jede Verselbständigung eines Familienmitgliedes bedeutete potentielle Demokratisierung und Abbau der monarchischen Struktur, d. h. die Entbehrlichkeit der väterlichen Führungsposition." (Möhrmann, 1977, S. 120)

Eine Episode aus ihrer Grundschulzeit hat Fanny Lewald nie vergessen. Im Rahmen ihrer Biographie erweist sie sich als ein Schlüsselerlebnis. Als der stadtbekannte, angesehene Konsistorialrat Dinter den Unterricht visitiert, stellt er der jungen Fanny gegenüber fest: „Nu! Dein Kopf hätt' auch besser auf 'nem Jungen gesessen!" und meint einlenkend dann: „Wenn Du aber nur'n mal eine brave Frau wirst, so ist's auch gut." (ML, I, S. 87) Dieses Lob veranlaßt Fanny Markus, ihr Verhältnis zu den beiden Geschlechtern zu überdenken. Knaben dünken ihr etwas Besseres als Mädchen, und sie sucht diese, wo immer es geht, intellektuell zu übertrumpfen. Darüber gerät sie ins Nachdenken über ihre Vorliebe für ihren Vater, der Zuneigung und Tadel so viel selbstbewußter auszutragen weiß als ihre Mutter. Daß die Überlegenheit des Vaters eine sozial bedingte Tatsache ist, gibt selbst Freud[37] zu, und daß man unmöglich herausfinden könne, welche Autorität an einem bestimmten Punkt der Geschichte darüber entschieden habe, daß der Vater den Sieg über die Mutter davontrage. Die junge Fanny hat schon längst für sich entschieden, daß Frauen geringer seien als Männer. Das Haushalten und Auf-Ordnung-Sehen sei für Frauen gerade angemessen und darum wolle sie „lernen wie ein Mann." (ML, I, S. 88)

Das Verhalten der Mutter ihr gegenüber interpretiert sie als Eifersucht gegenüber ihrer vorangeschrittenen geistigen Entwicklung und als bloße Nörgelei, was Fannys Sinn für Häuslichkeit und für die Familie betrifft. Mit versteckter Schuldzuweisung an ihre Mutter nun - in ihrer Autobiographie - an alle Frauen gerichtet, warnt sie: „Man kann gegen die Jugend in diesem Punkt nicht vorsichtig genug sein. Sie ist verwundbarer, je empfänglicher und wehrloser sie ist". (ML, I, S. 143) Alle Psychoanalytiker weisen der Frau das gleiche Schicksal zu: „Auf der infantilen Stufe identifiziert sie (die Frau) sich mit dem Vater, dann empfindet sie gegenüber dem Mann ein Minderwertigkeitsgefühl und

---

37 Siegmund Freud: Der Mann Moses. Frankfurt a. M. 1975, S. 118.

steht vor der Alternative, entweder ihre Autonomie zu bewahren, sich zu vermännlichen - was im Zusammenhang mit einem Minderwertigkeitskomplex eine Spannung erzeugt, die Neurosen zur Folge haben kann - oder glückliche Selbsterfüllung in der liebenden Unterwerfung zu finden, eine Lösung, die ihr durch die Liebe zum überlegenen Vater erleichtert wird. Ihn sucht sie im Geliebten oder im Ehemann." (Beauvoir, S. 68f.)

Was hat ihr Mutterbild geprägt? Die Mutter hat zugegeben, ungebildet zu sein, was sie selbst verständlicherweise bedauert, ja was sie schmerzt. Darum enthält sie sich bei geistiger Auseinandersetzung, sie schweigt, sie betätigt sich praktisch im Bereich des Ordnens und der Mithilfe im engen Familienkreis. Ihre Tochter, die Schriftstellerin, ist permanent in ihren subjektiven Emanzipationskampf eingebunden, so daß die Mutter - distanziert betrachtet - ein Gegenbeispiel zum eigenen Konzept darstellt und somit zum Demonstrationsobjekt wird. Sie untersucht nicht die Gründe, die ihre Mutter am Althergebrachten haben festhalten lassen, sie nimmt die Gelegenheit wahr, in ihrer Autobiographie die neue Entwicklung zum Spezialistentum zu propagieren, die freilich - 30 Jahre vorher - den alten Hausfrauen die Basis entzogen hätte. Sie schreibt, es sei damals undenkbar gewesen, daß Hausfrauen von einem Bäcker oder einem Schlachter die Ware bezogen hätten, „den hätten sie als einen Ketzer angesehen, als einen Frevler, der ihre hausfraulichen Pflichten beschränken wolle, um ihrer Würde und Bedeutung damit Abbruch zu tun, und so das Glück der Ehen und der Familie allmählich zu untergraben." Und überhaupt: „Es gibt ... auf der Welt nichts Beschränkteres, und auch nichts Eigensinnigeres als die Frauen, wenn sie, statt sich ihrer Vernunft zu bedienen, sich hinter die Schranken der jeweiligen Gewohnheit zurückziehen."

In der Tat hat ihr ihre Mutter nichts zu bieten, das ihren wachen Geist zu fesseln vermöchte. Zehnmal ist sie niedergekommen, grausame, schmerzhafte Wiederholungen. „Vom männlichen Standpunkt aus, ist die Gebärfähigkeit eine Eigenschaft, die demjenigen, der über sie verfügen kann, planbare Lebenserhaltung und Bedürfnisbefriedigung verspricht; vom weiblichen Standpunkt aus eher ein physiologisches Manko, da sie sie phasenweise in ihren Bewegungs- und Betätigungsspielräumen einengt." (P. Milhoffer u. a., 1979, S. 9) Für Fanny Lewalds Mutter bedeutet die Summe ihrer Schwangerschaften und der

Turbulenzen des Geschäftshaushaltes die Ursache ihrer früh einsetzenden Hinfälligkeit und somit eine Folge der väterlichen Existenz. Denn „in neueren Auseinandersetzungen mit der Geschichte der ‚Rolle der Frau' wird ausführlich belegt, daß die Selbstbeschränkung der Frau aufs Private eher ideologisches Konstrukt als Wirklichkeit war, daß sie schichtenspezifisch variierte, d. h. aber eher dort zu registrieren war, wo sich Privatsphäre in bürgerlichen Häusern herstellte, deren Existenzerhaltung durch die unternehmerischen Aktivitäten des Mannes besorgt wurde." (Ebd., S. 8)

Fanny Lewald strebt für die Frauen die Erweiterung der Bildung und ihrer Berufe an, zum ersten Mal äußert sie die Forderung: „Gleichwertigkeit mit dem Manne" (zit. n.: Cauer, S. 95) „An eine allgemeine Frauenbewegung hat Fanny Lewald nicht gerührt, ja, ich bin mir nicht klar", schreibt Minna Cauer 1898 über „Die Frau im 19. Jahrhundert", „ob sie überhaupt an eine allgemeine Frauenfrage im sozialen Sinne gedacht hat." Sie war, nach dem Verständnis von Minna Cauer (Anm.), eine „self-made" Frau. (Ebd., S. 97)

3.4. Selbstverständnis als Schriftstellerin und als Frau

Als Vierunddreißigjährige leistet sich Fanny Lewald ihre erste Italienreise. Auf Geheiß des Vaters hat sie eine ältere, reisekundige Begleiterin mitgenommen. Ihr schriftstellerisches Renommée sind ihre drei Romane „Clementine", „Jenny" und „Eine Lebensfrage". Hier in Rom „In einer Gesellschaft, an deren Spitze Ottilie Goethe und Sybille Mertens standen, galten nur geistiger Rang und geistige Teilnahme", schreibt Heinrich Spiero 1927, als Herausgeber von Fanny Lewalds „Römischem Tagebuch",[38] „und jeden Weg in das neu zu erschließende römische Wunderland mußte die eigene Persönlichkeit eröffnen." (H. Spiero, In: Lewald, 1927, S. 6) Mitgebrachte Empfehlungsschreiben an Adele Schopenhauer[39] und Ottilie v. Goethe[40] regeln die Aufnahme Fanny Lewalds in die illustre Gesellschaft.

Unter der südlichen Sonne scheinen sich die harten, von Pflicht und Selbstbeherrschung geprägten Konturen ihres Charakterbildes zugunsten gefälliger Weiblichkeit abzuschwächen. So teilt sie ihrem Vater in ihren 14tägigen Rechenschaftsberichten u. a. mit „daß die Gesellschaft mich auszeichne, daß die Männer mir huldigten, daß die Maler meinen Kopf noch anziehend, die Bildhauer meine Arme noch schön fänden". (Ebd., S. 74) Daß sie dies erwähnt, findet sie schon im nachhinein albern von sich. Gern stellt sie sich als Modell für die Malerin Elisabeth

---

38 Das „Römische Tagebuch" enthält Fanny Lewalds Aufzeichnungen über ihre Begegnung mit Adolf Stahr in Rom. Entstehung 1845/46, Vorabdruck unter dem Titel „Lebenserinnerungen von Fanny Lewald. Neues Leben, Neues Lieben. Das Buch Adolf." In: Westermanns Monatshefte, Jg. 1879, Band 82, S. 440-454 und Fortsetzung. Als Buch herausgegeben von Heinrich Spiero, Leipzig 1927.
39 Adele Schopenhauer (1797-1849), Tochter der Schriftstellerin Johanna Schopenhauer und Schwester des Philosophen Arthur Schopenhauer. Sie lebte bis zu ihrem 9. Lebensjahr in Hamburg, und danach genoß sie die anregende Atmosphäre des Künstler- und Gelehrtenzirkels im Hause ihrer Mutter in Weimar. Sie schrieb Gedichte, Märchen und Romane, nach dem Tod ihrer Mutter gab sie deren Nachlaß heraus.
40 Ottilie von Goethe (1796-1872), geborene Freiin von Pogwisch, ihre Mutter war Hofdame der Herzogin Luise in Weimar, Ottilie entwickelte gesellige Fähigkeit, verfügte über eine angenehme Altstimme und etwas Schreibtalent. Sie wurde die Frau Augusts von Goethe, wurde vom Ehemann verwöhnt und vom Schwiegervater als „Töchterchen" hofiert.

Baumann zur Verfügung, als diese für zwei Tage Grazia, das beliebte römische Kopfmodell, entbehren muß. Fanny Lewald sitzt jeweils für ein paar Stunden auf einem erhöhten Gestell im römischen Kostüm im Atelier der Malerin, als zufällig der Altphilologe Adolf Stahr diese antike Szenerie betritt. Sie gibt ohne weiteres zu, daß sie sich „für lange traurige, herzenseinsame Jahre zu entschädigen" und „zu leben" vorhat, „mit heißer Lebenslust am Tage den Tag zu leben." (Ebd., S. 75)

In Rom blüht sie derart auf, daß alte Jugendfreundinnen, auf die sie trifft, meinen: „Ich sähe besser als in früheren Zeiten aus, ich sei heiterer, liebenswürdiger geworden, und sie fingen denn mit gutem Herzen auf diesen meinen Nachfrühling auch die Hoffnung zu bauen an, mich doch noch einmal durch eine glückliche Ehe glücklich werden zu sehen." (Ebd., S.75) Im Gespräch ist der zweifach verwitwete Landschaftsmaler Louis Gurlitt, der später eine Schwester Fannys heiratet. Die junge Schriftstellerin hat sich zwar mit ihrer Italienreise einen Herzenswunsch erfüllt, und sehnsuchtsvoll hat sie die Reisen der Therese von Bacheracht, des Fürsten Pückler und der Gräfin Hahn-Hahn verfolgt und vorgehabt, ihre Freiheit in dieser Form zu nutzen, „aber", so schreibt sie in ihrem „Römischen Tagebuch", „das Alleinsein blieb immerhin etwas Trauriges für das Alter und obschon, dank der strengen Herrschaft der Vernunft und meines sittlichen Idealismus, meine Phantasie sehr rein war, war ich doch liebebedürftig, und der Gedanke, daß ich niemals Gattin und Mutter werden sollte, betrübte mich bisweilen." (Ebd., S. 79) Ihre Stimmung konzentriert sich zunehmend auf diesen Aspekt, und so sinniert sie über Gurlitt: „und er brauchte eine Frau, die nicht nur eine gute Haushälterin, sondern auch imstande war, seine künstlerische Bedeutung zu verstehen und zu ehren. Diese Eigenschaften besaß ich, und daß ich fähig war, durch meinen literarischen Erwerb einem Manne zu Hilfe zu kommen, ward von unseren gemeinschaftlichen Freunden ebenfalls in Anschlag gebracht." (Ebd., S. 78)

Bezeichnend für die Privatheit sind ihre Aufzeichnungen der Begegnung mit Adolf Stahr, die sie im „Römischen Tagebuch" zusammenfaßt und für eine Veröffentlichung erst nach ihrem Tod freigibt, ebenso wie die späten Tagebuchaufzeichnungen, die Ludwig Geiger unter „Gefühltes und Gedachtes" 1900 herausbringt.

Die Jahre 1845 bis 1850 zeitigen bei Fanny Lewald eine überaus reiche schriftstellerische Produktion. Als Schaffensresumée erscheint

1850 in der „Deutschen Monatsschrift für Politik, Wissenschaft, Kunst und Leben" (2. Quartal, hrsg. v. A. Kolatschek, Stuttgart) ein Artikel, der ihr bisheriges Schaffen in einer „literarischen Charakteristik" würdigt. Über ihren Anfang in Berlin heißt es da: „Die Verfasserin dieser bedeutenden, mit Beifall aufgenommenen Romandichtungen genoß in der ‚Metropole deutscher Bildung an der Spree' bereits eine Art von Celebrität." (Ebd., S. 311) Das „Italienische Bilderbuch" in zwei Bänden wird als „Zeugnis höherer Reife" gewertet. Und der unter einem Pseudonym erschienene satirische Roman „Diogena", in dem sie die Salonpoesie des aristokratischen Romans (genauer: den Stil der Schriftstellerin Gräfin Hahn-Hahn) geißelt, hat offenbar das gesamte Lesepublikum in Erstaunen gesetzt, als sich ein halbes Jahr nach Erscheinen des Buches Fanny Lewald als Verfasserin dazu bekannt hat. Das ihr gewidmete Feuilleton versucht nun den Lesern und Leserinnen die breite Palette ihrer literarischen Ausdrucksmöglichkeiten durch Gegenüberstellung aller inzwischen von ihr erschienenen Werke begreifbar zu machen, ausgehend von dem satirischen Roman, von dem „Kein Mensch glaubte, daß eine Frau ihn geschrieben habe", heißt es da weiter: „Aber so sehr sträubte man sich dagegen, dieß Meisterwerk komischer Romansatyre und seine schwerdthafte Zuspitzung als Werk einer ‚weiblichen' Feder anzuerkennen, so sehr schien selbst den nächsten Freunden die fast grausame Schärfe dieser vernichtenden poetischen Kritik, die den Gegner unter dem Gerichte der eigenen Waffen begrub, - im Widerspruche mit Fanny Lewald's durchaus liebenswürdiger Natur, daß selbst jetzt noch in Deutschland von manchen Stimmen eine Autorschaft bezweifelt wird, zu der sich die Verfasserin der Diogena bereits selbst öffentlich bekannt hat. Man übersah eben, daß die Milde und Güte dieser Natur nur der humane Grund, das feste Fundament einer gediegenen Charakterfestigkeit und Entschiedenheit ist, eine Scheide von Sammt für ein Schwert von Damascenerstahl." (Ebd., S. 311) Mit der Anfang 1849 erschienenen dreibändigen Romandichtung „Prinz Louis Ferdinand" sei Fanny Lewald „in ein neues Entwicklungsstadium getreten ... Die Kritik hatte bei einem Werke, das in vieler Beziehung wohl ein Wagstück heißen könnte, ein weites Feld. Aber nur wenige Beurtheiler sahen in dem Gedränge der günstigen wie der abgünstigen Parteileidenschaft, daß hier der größte Fortschritt der Dichterin über ihre früheren Produktionen wesentlich in dem Fernhalten jeder tendenziösen Behandlung ihres Stoffes und demnächst in einem ungleich energischen Erfassen der Wirklichkeit lag." (Ebd., S. 312) Schließlich seien von ihr zwei Briefromane -„Liebesbriefe. Episode aus dem Leben eines Gefangenen." und eigene authentische Briefe als „Erinnerungen aus dem Jahre 1848" - „soeben erschienen". Der Artikel endet: „Irren wir nicht, so hat Fanny Lewald noch eine reiche literarische Zukunft. Ein Beweis dafür scheint uns die Vielseitigkeit ihrer Leistungen und der entschiedene Fortschritt, den dieselben aufzeigen. Schon der Umstand, daß sie poetisch produktiv blieb und bleibt in einer Zeit, wo so viele Talente den Muth sinken ließen, zeigt, daß ihre Produktion die Befriedigung einer innern Nothwendigkeit ist. Dazu kommt noch ein andrer sehr wesentlicher Umstand. Fanny Lewald wird von dem ausschließlich politischen Parteitreiben fast gar nicht innerlich berührt, weil ihre Richtung, ihr Ziel über den politischen Bestrebungen der Gegenwart Deutschlands hinausliegt. Die politische Reform oder Revolution ist ihr nur der Weg, die Brücke zu jenen großen socialen Reformen, deren Nothwendigkeit und Erfolg im Innern eine Wahrheit ist." (Ebd., S. 313f.) Autor dieser anonymen, zeitgenössischen Kritik ist Adolf Stahr.

Etwa zur gleichen Zeit, am 29. Mai 1850, schreibt Gottfried Keller an Hermann Hettner: „Die Lewald hat einen scharfen Verstand, aber wenig Phantasie und Wärme. Sie läßt uns zu wenig allein in den Verkehr und Haushalt ihrer Personen hineinsehen. Ich möchte sagen, daß es eine angenommene gelehrte Vornehmheit ist, welche sie von einem liebevollen freudigen Ausarbeiten und Ausfüllen ihrer Schriften abhält und sich mehr einem kalten Raisonnement hingeben läßt in flüchtigen Umrissen, welche sie mehr als eine femme spirituelle denn als eine Dichterin erscheinen läßt ... Ich wünschte sehnlich, daß die Lewald weniger Bücher, aber die wenigen voller und üppiger schreiben würde ... Übrigens achte ich Lewalds Energie und männliche Erfahrungsgabe, so wie ihre Tendenz sehr hoch." (zit. n.: Schneider, S. 140)

Aus ihren Erfahrungen mit der Literaturkritik und den Kritikern, die „die weiblichen Dichter in der Mehrzahl mit einer vornehmen Herablassung oder mit einer Art von Galanterie, die beide in meinen Augen eine Kränkung sind, weil sie selbstredend den Gedanken in sich verschließen, für die geringen Fähigkeiten, für die Unbedeutendheit einer Frau sei das Geleistete gut genug, sei das Nichtgelungene zu entschuldigen" (ML, III, S. 52), entwickelt sie in ihrer Lebensgeschichte Forderungen, die die Geschlechtszugehörigkeit der Schriftstellerin völlig ignorieren, ausblenden, verdrängen möchten: „Alles, was ich für den weiblichen Schriftsteller fordere, ist daß man ihn ohne Schonung, aber auch ohne Vorurtheil behandele, daß man von ihm absehen und sich an seine Leistung halten möge; mit einem Worte, daß man den weiblichen Schriftsteller dem männlichen gleich verantwortlich und damit gleichberechtigt an die Seite stelle. Was noch lange nicht genug bei uns geschieht. Sie fügt hinzu, was sie unter Emanzipation für die Frauen versteht: „Emancipation zu ernster Pflichterfüllung, zu ernster Verantwortlichkeit und damit zu der Gleichberechtigung und Gleichstellung, welche ernste Arbeit unter ernsten Arbeitern dem Einzelnen erwerben muß." (ML, III, S. 55)

Es ist ein Emanzipationskonzept, „das der Orientierung an männlichen Vorbildern verhaftet bleibt." (R. Venske, In: Brehmer (Hrsg.), S. 370) Am Herrschaftssystem der Männer partizipiert Fanny Lewald durch Selbstbeherrschung. „Das Wort Weiblichkeit", so notiert die Schriftstellerin am 16. Oktober 1849, „das die germanischen Völkerstämme vor den anderen voraus haben, ist kein Zeichen der höhern Ausbildung der germanischen Frauen, sondern vielmehr ein Beweis, daß es im Wesen des Germanismus lag, die Frau von der allgemein menschlichen Bildung, von der freien, menschlichen Entwicklung zu sondern, indem es sie von der Allgemeinheit schied. So wenig die goldenen Gitterstäbe, welche die Frauen absperren, in dem Harem des Orientalen, ein Beweis sind für die Hochschätzung der Frau im Orient, so wenig ist die Verbannung in den mystischen Bereich der Weiblichkeit eine Apotheose der Frau." (GG, S. 13) Die von ihr herbeizitierten, willkürlichen und bildreichen Zusammenhänge beweisen nichts weiter als ihre beredten Verdrängungsmechanismen.

Nach Georg Simmel bildet die Geschlechterbeziehung eine Herrschaftsbeziehung, „ausgehend von der Feststellung, daß ‚Frau' und ‚Mann' eine Grundrelativität der menschlichen Gattung bezeichnet ... Die männliche Macht neigt dazu, diese grundlegende Relativität, als auch die Verwiesenheit des Menschseins - eben auch das Mannsein - auf das jeweils andere Geschlecht vergessen zu lassen. Das Männliche kann so zum allgemein Menschlichen überhöht werden. Demgegenüber bleibt sich die Frau als das abhängigere Geschlecht ihres So- und Besondersseins, also auch der Differenz, sehr viel mehr bewußt und wird in ihrem Wesen umfassender durch das Geschlechtliche - wie immer man dies begreifen mag - bestimmt." (G. Reinhold, Soziologie Lexikon, München 1991, S. 171)

Das Weibliche und der weibliche Lebenszusammenhang sind nicht durch Selbstregulierung, Selbstzwang oder gar Selbstverleugnung auszuschalten. Ulrike Prokops Untersuchungen zeigen, daß Verhalten und Bewußtsein der Frauen durch Produktivkräfte und Produktionsverhältnisse bestimmt sind. Zu den Produktivkräften im weiblichen Lebenszusammenhang gehören bestimmte Arten der Bedürfnisorientierung, bestimmte Fähigkeiten der Kommunikation und bestimmte Formen der Imagination, wobei die Produktivkräfte „durch die Produktionsverhältnisse, durch die Unentwickeltheit der Produktion, vor allem die Isolierung in Kindererziehung, Haushalt und persönlichen Beziehungen beschränkt" sind. (Prokop, S. 160)

Die Lebensgeschichte Fanny Lewalds läßt den Leser an vielen Stellen Zeuge werden, wie sie als junger Mensch unter den Härten leidet, die ihr durch ihren Vater und schließlich - da sie im engsten Kreis konfliktunfähig wird - durch sich selbst, zugemutet werden, innere Zerreißproben bis hin zum Ausbruch vorübergehender psychosomatischer Erkrankungen. Regula Venske, die das gesamte Erzählwerk Fanny Lewalds im Hinblick auf Selbstregulierung untersucht hat, resümiert: „Mit den Emanzipationsforderungen einer geht die Disziplinierung der eigenen Träume und Utopien, der Hoffnungen und Phantasien, die es mit enormen Anstrengungen zu verdrängen, abzuspalten gilt. Dieser Prozeß der Verdrängung des eigenen Glücksanspruchs, die Kosten, die der postulierte Emanzipationsprozeß gefordert hat, lassen sich im Erzählwerk der Lewald rekonstruieren, wobei durchaus eine Kontinuität zu dem ignorierten ‚Spätwerk' dieser Autorin besteht." (Venske, 1982, S. 66) Die Disziplinierung der Phantasie setzt die Kommunikation mit sich selbst außer Kraft und erschwert die Kommunikation mit anderen, weil die inneren Gefühle ausgegrenzt sind.

Eine deutliche Trennung von Öffentlichkeit und Privatsphäre liegt hier im Individuum bereits begründet und spaltet die im bürgerlichen19. Jahrhundert vollzogene Trennung zwischen Öffentlichkeit und

Privatheit im Privaten ein weiteres Mal. Selbst in der Privatheit ihrer Familie ist ihr das Medium der Veröffentlichung ein willkommenes Mittel, ihrer Familie und ihrem engsten Kreis ihre Gefühle zu offenbaren:

„Tagelang kämpfte ich meinem Verlangen und meinem Mißtrauen gegen mich selbst ... Ich stellte mir vor, wie die Meinen es begreifen würden, was ich vor ihnen voraus hätte, welche Unruhe, welches innere Walten mir oft das enge Dasein, die täglichen kleinen und unnützen Beschäftigungen und Quälereien so lästig, so unaushaltbar gemacht, wenn ich in einer Dichtung es ihnen im Bilde zeigen könnte. Ich weidete mich an der Vorstellung, es vor Heinrich, ohne von mir selbst zu reden, einmal alles aussprechen zu können, was ich sei, was ich durch ihn erlitten und was er an mir verloren, weil er es nicht zu erkennen oder nicht zu schätzen gewußt. Dann wieder, und der Gedanke wurde mir der liebste und kam auch zur Ausführung, dann wieder wollte ich mir sein Bild malen, so treu, so warm, daß ich es lebenslang in seiner Schönheit vor Augen haben könnte, daß alle, die ihn liebten, sich daran erfreuen sollten; und endlich bemächtigte sich der Ehrgeiz meiner. Ich sah meinen Namen von den Besten gekannt und wert gehalten, ich sah meinen Vater stolz auf mich, sah mir alle Vorzüge des Lebens sich eröffnen: die Bekanntschaft hervorragender großer Menschen, Reisen, Kunstgenüsse und vor allem, vor allem anderen - Freiheit und Selbstbestimmung ein für allemal gesichert." (ML, II, S. 280)

Während sie an der „Clementine" schreibt und ihr die imaginierten Figuren ganz nahe sind, nimmt sie weitere Vorzüge der Schriftstellerei wahr:

„Dieser Freude an den Gestalten gesellte sich nun noch die Wonne hinzu, durch ihre Vermittlung einmal Alles sagen zu können, was mir seit so vielen Jahren auf dem Herzen gelegen hatte, und es sagen zu können, ohne daß man mich zurecht wies, ohne daß man mir widersprach, ohne daß ich mich zu mäßigen und Rücksicht zu nehmen und ohne daß ich es zu meiner Verteidigung zu sagen brauchte." (ML, III, S. 18)

Norbert Elias erläutert in seiner „Theorie der Zivilisation" das Gewebe gesellschaftlicher Verflechtungen, das - mit fortschreitender Differenzierung - sowohl einer äußeren als auch immer stärker der inneren Regulierung bedarf. Je differenzierter das Gewebe, desto stabiler die

„soziogene, psychische Selbstkontrollapparatur". Er beschreibt, wie sich in großen Bewegungen gesellschaftliche Strukturen verändern und damit zugleich „der Aufbau der sozialen und psychischen Funktionen im Sinne einer Rationalisierung". (N. Elias, II. Band, 1993, S. 395), auf das 19. Jahrhundert bezogen: „Hand in Hand mit diesem allmählichen Wandel der gesamten, gesellschaftlichen Funktionen und Institutionen geht - zunächst bei den Spitzengruppen des Adels wie des Bürgertums - ein Wandel der psychischen Selbststeuerung in der Richtung einer größeren Langsicht und einer strengeren Regelung der triebhaften Augenblicksimpulse." (Ebd., S. 395)

Die seit 1812 in Preußen sich integrierenden Juden und das seit der Französischen Revolution überall erstarkende Bürgertum kämpfen um einen ihrem Selbstbewußtsein entsprechenden, vorderen Platz in der Gesellschaft. Seit Kindertagen hat die junge Fanny diesen Prozeß in ihrem Vaterhaus beobachten können, wie ihr Vater in praktischer Arbeit, als umsichtiger Kaufmann und als Mitglied des Königsberger Stadtrats, den Kampf erfolgreich durchgestanden hat. „Sein ältestes Kind", die angehende Schriftstellerin, wird sein gesellschaftliches Anliegen mit ihrem geistigen Konzept verschmelzen, in der Art wie ihr wacher, aktiver Sinn das Leben anpackt bzw. von ihm angepackt wird:

"Alles, was mir begegnete, was ich tat und tun mußte, war immer halb Notwendigkeit, halb Freiheit, oder wenn man so sagen kann, Freiheit in der Notwendigkeit. Die Ereignisse, die Personen, traten ohne mein Zutun an mich heran, nur das Erfassen war freie Wahl aus innerer Notwendigkeit. Das Erleiden drängte mich zum Handeln, mein Tun wurde mir dabei zum Leide, und ganz unmerklich wurde ich durch die natürlichsten Vorgänge innerhalb des Familienlebens darauf hingeleitet, mir der Kraft bewußt zu werden, welche in mir schlummerte, während ebenso natürliche Verhältnisse mich abhielten, auf ihren Gebrauch zu verfallen, ehe eigenes Denken und Beobachten, Erleben und Erleiden mir ein selbständiges Material zur Verarbeitung und ein, bis zu einem gewissen Grade, selbständiges Wesen erschaffen hatten."

3.5. Ihr Berliner Salon als Besonderheit

Fanny Lewalds Salon wurde zwischen 1850 und 1860 zu den 13 großen Berliner Salons gezählt. Vier von ihnen waren dem neuen bürgerlichen Realismus zuzurechnen, der Salon von Clara Kugler, von Elisabeth Menzel, von Lina Duncker und Fanny Lewald. Nicht nur Theodor Fontane,[41] Theodor Storm[42] und Gottfried Keller[43] verkehrten dort, sondern auch Maler des Realismus, Naturwissenschaftler und Publizisten.

Lina Duncker (1825-1885) war als Frau eines aktiven liberalen Politikers und Verlegers, der zu den Gründungsmitgliedern der Deutschen Gewerkschaftsvereine gehörte, für ihre „unverblümte Offenheit" und Direktheit bekannt, ihr Großvater war ein evangelischer Bischof aus Berlin. Clara Kugler (1812-1873), Tochter des Kriminalrats, Schriftstellers und Verlegers Julius Edward Hitzig, stammte aus einer jüdischen Honoratiorenfamilie. Elisabeth Menzel (1840-1906) war die Schwägerin des bekannten Berliner Malers Adolph Menzel und die Frau des Fotografen und Kunstverlegers Richard Menzel, ihr bürgerlich-konservativer Salon wurde vorwiegend von bildenden Künstlern, Dichtern und Musikern besucht.

Auffällig ist, daß ihre Ehemänner sich alle sozusagen nebenbei als Verleger betätigten, d. h. wem es unter den Gästen ums Publizieren ging, der befand sich hier am Ziel seiner Wünsche. Andererseits hatten auch die Verleger im Verkehr mit den Salongästen die Chance, durch

---

41 Theodor Fontane (1819-1898), verkehrte mit Vorliebe im Kuglerschen Salon, er berichtete darüber, welch prickelnd-unheimliche Atmosphäre sich ausbreitete, wenn z. B. Theodor Storm seine Spukgeschichten vorlas, obwohl er andererseits gegenüber den Dichtungen Storms nicht ohne Kritik war.

42 Theodor Storm (1817-1888), lebte von 1853-56 in Potsdam, tagsüber war er mit Gerichtsakten beschäftigt, besuchte dennoch abends gern die Berliner Salons. Er hielt viel von der Persönlichkeit Franz Kuglers. Die Berliner Storm-Anhängerinnen fanden sich aber hauptsächlich bei Duncker ein, wo viele Storm-Werke verlegt wurden. Ein freundschaftliches Verhältnis verband ihn auch mit Elisabeth Menzel, deren Kritik er sehr schätzte.

43 Gottfried Keller (1819-1890), hielt sich seit 1850 in Berlin auf und war dort sehr unglücklich. Im Salon der Lina Duncker war er der bedeutendste literarische Gast. Damals traf er seine Entscheidung, Dichter und nicht Maler zu werden. Vielleicht verursachte die Lebenskrise sein äußerst schwieriges Verhalten im Kreise der übrigen - besonders der schriftstellernden - Salongäste.

den Salon über neuste, publizierenswerte Ereignisse und Strömungen informiert zu werden, unter Wahrung der Diskretion selbstverständlich. Schriftsteller und Journalisten waren nicht nur „von den anonymen fluktuierenden Bedingungen des Marktes und den konkreten einschnürenden Auflagen der Politik, sondern auch von ihren Verlegern abhängig." (Wehler, S. 536)

Fanny Lewalds Salon um 1860, Aquarell, Maler unbekannt

Fanny Lewalds Ehemann, Adolf Stahr, mit dem sie Anfang der 1850er, als sie ihren Salon begründete, noch gar nicht verheiratet war, weil seine Ehe erst zwei Jahre später geschieden werden konnte, hatte den Status des Gelehrten. Künstler, Naturwissenschaftler und Gelehrte befanden sich in den Salons eigentlich immer im Zentrum des Interesses. Es war aber nicht etwa so, daß die Berliner Gesellschaft großzügig über diese „wilde Ehe" hinwegsah, sondern es war vor allem dem Respekt gegenüber der allseits geschätzten Schriftstellerin Fanny Lewald zu verdanken, daß man diesen nur vorübergehenden Umstand stillschweigend tolerierte.

Der Kuglersche und der Menzelsche Salon vertraten eher eine konservative Richtung im Unterschied zu den Salons von Lina Duncker und Fanny Lewald mit liberalen bis demokratischen Tendenzen. Im Gegensatz zu den Dunckers tendierte das Ehepaar Lewald-Stahr nach anfänglichem Zögern zu den von Bismarck eingenommenen Nationalliberalen, während die Dunckers immer der Fortschrittspartei treu blieben.

Petra Wilhelmy bezeichnet den Lewald-Stahrschen Salon „als den letzten großen Salon des bürgerlichen Realismus der 1850er und 1860er Jahre" und gleichzeitig als einen „Salon des Übergangs, an dem sich die Entwicklung vom nachrevolutionären bürgerlichen Realismus in der Literatur und Politik zur Bejahung der ‚Realpolitik' Bismarcks sehr gut ablesen läßt." (Wilhemy, S. 222) In der Bismarckzeit, in der sich die großen politischen Salons mehr als „Oppositionssalons" verstanden, gehörte der Salon Fanny Lewalds nicht mehr zu dieser Kategorie, genaugenommen seit 1866, „seit dem langsamen, aber konsequenten Einschwenken des Ehepaars Lewald-Stahr auf den ‚nationalliberalen' Kurs" (Ebd., S. 231), womit ihre politische Einstellung für die Mehrheit des liberalen Bildungsbürgertums repräsentativ war.

Zwei von den vier Salonnièren des neuen bürgerlichen Realismus waren Jüdinnen. Die Jüdinnen hatten unter den Berliner Salonnièren seit 1780 einen hohen Anteil gehabt, allen voran Henriette Herz,[44] Rahel Varnhagen-Levin[45] und Dorothea Schlegel,[46] und dadurch schon

---

44 Henriette Herz (1764-1847), sie führte einen Salon im Stil einer Lesegesellschaft mit vorwiegend jüngeren Leuten neben dem akademischen Zirkel ihres Mannes, der als Mediziner und Philosoph in seinem Berliner Haus Philosophievorlesungen abhielt. Er stellte den Brüdern von Humboldt, den Philosophen Schelling und Fichte, dem Grafen Mirabeau, Bankiers und Logenbrüdern und anderen bedeutenden Gelehrten die Kantischen Axiome vor.

45 Rahel Levin-Varnhagen (1771-1833), Tochter eines jüdischen Juwelenhändlers in Berlin und begeisterte Anhängerin der Französischen Revolution, gründete zu Beginn der 1790er Jahre in ihrer kleinen Dachwohnung im elterlichen Haus einen literarischen Salon als erste unverheiratete Frau. Anstelle der heißen Schokolade, wie sie in den französischen Salons üblich war, servierte eine alte wunderliche Magd Tee. Rahel war weder groß noch schön, jedoch äußerst lebhaft und unkonventionell. Ihre Gästeschar mischte sie provokativ: Adlige, Bürger und Künstler jüdischer und christlicher Herkunft. Sie kreierte eine unkonventionelle Art von Selbstverwirklichung. 1814 heiratete sie den um 14

früh der Stadt Berlin „den Provinzialismus, den zu viele Kasernen um sich verbreiten, genommen, (und) ihre Urbanität gefördert." (Inge Drewitz, 1979, Vorwort) Zu den Gästen dieser glanzvollen Pionierinnen gehörten unter vielen anderen die Brüder Humboldt, Schleiermacher, Alexander Graf Dohna, Prinz Louis Ferdinand von Preußen, Heinrich Heine, die Schauspielerin Unzelmann sowie eine Reihe vorurteilsfreier Gräfinnen. Als Fanny Lewald im Herbst 1839 nach Berlin gezogen war und bei der Familie Bloch wohnte, erfuhr sie von diesen Persönlichkeiten und von dem vergangenen Glanz der Berliner Gesellschaft. Blochs hatten Rahel Varnhagen, Heinrich Heine und die Humboldts neben weiteren illustren Salongästen persönlich gekannt. (ML, II, S. 241) Die Zeiten bis 1806 waren damals noch gut in Erinnerung.

„Den stärksten Rückhalt" hatten die Berliner Salons, was ihre Salonniéren und auch ihre Gäste anbetraf, im niederen Adel und im Bildungsbürgertum. (Wilhelmy, S. 435) Im 19. Jahrhundert zeichnete sich in der ersten Hälfte eher eine Art von „Verbürgerlichung" vieler gebildeter Aristokraten ab, während in der zweiten Hälfte in den Salons das Bemühen um einen aristokratischen Lebensstil wuchs, gepaart mit einem Hauch von Exklusivität. (Ebd., S. 436) Insofern wird aus „einer primär eigengesetzlichen, avantgardistischen Gesellschafts- und Kulturfunktion" im Laufe des Jahrhunderts „eine sekundäre, in gewisser Weise anachronistische, vergangenheitsliebende und gegenwartsflüchtige Einrichtung." (Ebd., S. 437)

Offen waren die Salons vor allem für diejenigen, die es durch ihre Verdienste auf künstlerischem, wissenschaftlichem und literarischem

---

Jahre jüngeren Schriftsteller und Diplomaten Karl August Varnhagen von Ense.
46 Dorothea Schlegel (1763-1839), Tochter (Brendel) des Berliner Philosophen Moses Mendelssohn, in erster Ehe heiratete sie den Bankier Feit. Durch Henriette Herz erhielt sie den Anstoß, einen Salon zu gründen. 1797 traf sie den 25jährigen Friedrich Schlegel, Herausgeber der frühromantischen literarischen Zeitschrift „Athenäum". Die spontane Liebesbeziehung setzte sich über alle Schranken hinweg. Schreiben, Lesen, Konversation füllten ihre Tage in Jena, dem Zentrum der Romantiker. Mit ihrem ältesten Sohn trat sie zum evangelischen Glauben über, und ihre „wilde Ehe" wurde legitimiert. Bald nachdem Schlegel eine Dozentur in Köln angenommen hatte, traten beide zum Katholizismus über. Als fromme Gottesstreiterin hielt sie sich in Rom auf. Nach Schlegels Tod lebte sie im Kreise ihrer Kinder und Kindeskinder in Frankfurt.

Gebiet zu etwas gebracht hatten, beziehungsweise deren Talente zu Hoffnungen in der Hinsicht berechtigten. Dennoch waren Salons nicht öffentlich, sondern waren, bei aller Nähe zu Verlagseinrichtungen, einem Zwischenbereich „des Nicht-mehr Privaten und Noch-nicht-Öffentlichen" zuzuordnen. In dem von den üblichen gesellschaftlichen Eingrenzungen freien Raum, wo nur die individuelle Leistung der gebildeten Persönlichkeit den Ausschlag gab, war geistreichen Frauen die Chance gegeben, „als Individuum akzeptiert und respektiert zu werden." (zit. n.: Frevert, 1986, S. 57)

Fanny Lewald hatte zu der Zeit diese Chance bereits als Schriftstellerin genutzt und hätte der Salonwirksamkeit eigentlich nicht ausdrücklich bedurft. Was mag sie dennoch motiviert haben, einen großen Kreis von Gästen in Montagsgesellschaften zu empfangen, beispielsweise so renommiert und großartig, wie ihn Adolf Stahr im folgenden beschrieb? Er teilte seinem Sohn Alwin am 5. Februar 1866 mit: „Abends 11/12 Uhr. Unsere Gäste werden immer glänzender. Heut waren anwesend: 1.-2. Herr und Frau Baron v. Wulffen, 3.-5. Herr und Frau Präsident von Kirchmann und Tochter, 6.-8. Oberbürgermeister Ziegler mit Frau und verheiratheter Tochter (Frau v. Beguelin), 8.-9. Herr und Frau Baron v. Korff, 10.-11. Assessor Lehfeld und Frau, 12.-13. Bildhauer Sußmann mit Frau, 14. Professor Weiß, 15. Fräulein Schlee, Malerin, 16. Consul Müller, 17. Senator Gentz aus Ruppin, 18.-20. Frau Lobedan und 2 Töchter, 21. Fräulein Artot, 22. Madame Artot, mère, 23. Frau Marchand, 24. Assessor Jung, 25. Herr Halpert, 26. Mosen, 27. Dr. Woltmann, 28.-29. die Oldenburger Offiziere, 30. Dr. Schmidt, 31. Stadtrichter Hiersemenzel, 32.Jettchen Lewald, 33. Assessor Lasker (Abgeordneter), 34. Herr Hetz mit seinem Vogel, 35.-36. Babette Meyer und ihre Mutter. - Die liebenswürdige Frau v. Wulffen sagte: ‚Sie sind in Berlin die Einzigen, welche Soiréen haben, außer den Ministern, nur daß die Ihrigen interessanter sind'; und ich glaube ihr das." (Geiger, 1903, S. 289)

Wie oben bereits angedeutet, wurden die materiellen Ansprüche in der zweiten Jahrhunderthälfte zunehmend höher, die Feste üppiger und das Streben nach äußerem Glanz sowie das Schmücken mit Titeln wieder zum Bedürfnis, diesbezügliche Tendenzen scheinen sich in der Aufzählung Stahrs bereits abzuzeichnen.

Von Fanny Lewalds Salon aus den 50er und 60er Jahren hingegen wird berichtet, daß man in bescheidener preußischer Manier Tee und Butterbrote gereicht habe und vorwiegend zum „Gespräch im kleinen Kreis" (Drewitz, S. 75) zusammengekommen sei. Hier sei erwähnt, daß der Ägyptologe und Schriftsteller Georg Ebers, als Stammgast oder „Habitué"[47] im Lewaldschen Salon, wie er selbst bekundete, oft als „Teejungfrau" fungiert habe, weil es dort keine „Tochter des Hauses" gab und Fanny Lewald nicht regelmäßig nur mit der Teemaschine und dem Einschenken des Tees beschäftigt sein wollte. (zit. n.: Wilhelmy, S. 407) Vor allem war es der Salonnière Lewald immer darauf angekommen, ihre Gäste - besonders wenn sie aus gegensätzlichen Lagern kamen - miteinander bekanntzumachen und einen Gedankenaustausch herbeizuführen.

So machte Fanny Lewald ihre beiden engsten Freunde miteinander bekannt, Heinrich Simon, den Juristen und Liberalen, ihren hochverehrten Vetter aus Breslau, mit Johann Jacoby, dem früheren Hausarzt des Hauses Markus in Königsberg, dessen Ideen inzwischen auf der politischen Bühne allgemeine Beachtung verdienten. Großherzog Carl Alexander von Sachsen-Weimar, ihren ständigen Briefpartner und gelegentlichen Salongast, machte sie brieflich mit dem 27jährigen Jenenser Zoologen Anton Dohrn bekannt, einem ihrer jüngsten Gäste: „Er ist nebenher ein junger Mann von Geist und Fröhlichkeit - und wenn Sie einmal nach Jena kommen und ihn rufen lassen, wird er Ihnen gewiß nicht misfallen". (Göhler, S. 23) Den radikalen Demokraten Ferdinand Lasalle, der 1863 in Leipzig zum Präsidenten des „Allgemeinen Deutschen Arbeitervereins" gewählt worden und Mitarbeiter von Karl Marx' „Neuer Rheinischer Zeitung" war, - in den Salons von Lina Duncker und Fanny Lewald gebärdete er sich oft als „Enfant terrible" - wollte sie mit dem Fürsten Hermann von Pückler-Muskau zusammenführen, was ihr fast gelungen wäre.

Seit Jacoby 1856 in Schlangenbad und Schwalbach kurte, belebte sich ihre Korrespondenz, und Fanny Lewald nahm fast täglich Verbin-

---

47 „Habitué" war der Name für einen Stammgast im Salon. Er übernahm freiwillig verschiedene Aufgaben , z. B. führte er neue Gäste ein, half „langweilige" Gäste zu unterhalten, machte auf literarische Neuerscheinungen aufmerksam und warb weitere interessante Gäste.

dung mit ihm auf. (Teitge, S. 92) In ihren damaligen Briefen befindet sich eine interessante Schilderung über die Auswahl ihrer Salongäste: „"Die bekannten Männer und Frauen, welche nach Adolfs Ausdruck Männer zu sein wert wären', seien grundsätzlich ein für allemal eingeladen. Dagegen wurden ihre weiblichen Gäste, ‚die sonst nähen oder stricken, wenn sie sich abends unterhalten', einzeln eingeladen". (zit. n.:Wilhelmy, S. 232)

Gedichte, Lieder und Balladen des jungen Fontane lernten Fanny Lewald und Adolf Stahr 1847 in ihrem Salon durch Rezitationen von Bernhard von Lepel kennen. Stahr war begeistert. Obwohl er Liberaler war, klatschte er bei den preußischen Heerführer-Balladen in die Hände. „Die Lewald sagte mir", berichtete Lepel seinem Freund Fontane, „wenn er mal nach Berlin kommt, so bringen Sie ihn doch zu mir." (zit. n.: Krueger, S. 616) Erst 1849 lernten sie sich persönlich kennen. Der Kontakt hielt etwa ein Jahr, in dieser Zeit war Fontane ohne Stellung und noch ohne Mut zu freier Schriftstellerei. Fanny Lewald als populäre Schriftstellerin wurde gebeten, sich bei der Bibliothek für ihn zu verwenden. Auch wurde über eine Beschäftigung bei der Eisenbahn gesprochen. Die Lewald riet ihm über Lepel von solchen Notlösungen ab: „Raten Sie ihm, hier die erste beste Provisorstelle anzunehmen (Fontane stammte aus einer Apotheke) und noch hier zu bleiben. Warten ist das Schwerste, aber auch das Prinzip aller Lebensweisheit, und je später er heiratet - unter uns gesagt - um so besser für den Dichter." (Ebd., S. 619) Eine Einstellung übrigens, die aus Fanny Lewalds eigener Lebenserfahrung zu stammen scheint. Zwischen der Lewald und Fontane gab es hauptsächlich künstlerische Differenzen, der junge Fontane bediente sich konservativerer Formen als die Lewald, er lehnte das tendenziöse Schreiben ab, während sie es von der Dichtung damals geradezu forderte. Hinzu kam, daß auch Lepel sich inzwischen von dem Ehepaar Lewald-Stahr getrennt hatte.

Erst in den achtziger Jahren, als Stahr schon gestorben war, war Fontane wieder Gast bei der Lewald und während eines Diners bei dem Zeitungsverleger Lessing deren Tischnachbar. Etwa drei Monate vor Fanny Lewalds Tod schrieb er an den Maler Gentz, den literarischen Figurenreichtum betreffend: „Wobei mir immer einfällt, was die gute Fanny Lewald zu mir sagte: ‚Wenn es sein kann, laß ich immer nur zwei Menschen sprechen, auch drei, auch vier, aber darüber hinaus gehe ich nur im äußersten Notfall.' Das hat damals einen großen Eindruck auf mich gemacht. Solche Bemerkung aus der Metiererfahrung heraus sind immer wichtig, und ich habe meine eigene Schreiberei wesentlich danach gemodelt." (Ebd., S. 625f.)

Als Fanny Lewald schon in den Siebzigern war, nahm sie noch mit großer Lebendigkeit an Salongesprächen teil, so wird aus dem Berliner Salon von Olfers berichtet, daß es sich „um ein wahres Redeturnier zwischen Exzellenz Hülsen und Frau Stahr" gehandelt habe, „sie hätten für zehn genug gehabt.". Noch immer lud sie einen kleinen Kreis von illustren Persönlichkeiten mit zierlichen Billets zu sich zum Tee. Ingeborg Drewitz sieht im Stil dieses Salons nun eine Ähnlichkeit zu dem der Rahel Varnhagen, die Fanny Lewald immer noch verehrte. (Drewitz, S. 71)

Der Rahel Varnhagen-Levin, ihrem leuchtenden jüdischen Vorbild aus jungen Jahren nachzueifern, das mag für die pragmatische Königsbergerin gewiß einer der Beweggründe für ihren Berliner Salon gewesen sein. Ein weiterer, präsent zu sein, da wo sich Politik und Gesellschaft entscheiden, im Gespräch zu bleiben, aktuelle Thematik mit Experten zu bewegen, Stoff für ihre Tendenzromane zu sammeln, und ein wichtiges weiteres Motiv, das Zusammensein mit geistvollen und empfindsamen Menschen, ihnen zuzuhören, auf sie zu reagieren - auch schriftstellerisch - und sie, wenn nötig, zu unterstützen.

3.6. Die Frage der Mutterschaft und Ehe

In der engen Zusammenarbeit mit ihrem Mann, mit dem sie gemeinsam den Salon in Berlin führte, mit dem sie mehrmals im Jahr ausgedehnte Reisen und Besuche machte und die entstehenden Bücher - sowohl von ihr als auch von ihm - besprach, war der Salon wie das Laboratorium für den Wissenschaftler, eher etwas Öffentliches, mehr ein Arbeitsplatz, der Öffentlichkeit verarbeitet, als etwas Privates. Ihre schriftstellerische Arbeitswut wurde ihnen beispielsweise von Gottfried Keller schon angekreidet, der, weil er sich über Stahr geärgert hatte, von den beiden als von einem „zweigeschlechtigen Tintentier" redet (Brief an Lina Duncker, zit. n.: Schneider, S. 140). Obwohl man nicht vergessen darf, daß Fanny Lewald ein sehr gemütliches, biedermeierlich eingerichtetes Wohnzimmer für ihren Salon bereitstellte und sich sehr weiblich, mit langen Röcken, Rüschen, Spitzen und Ketten, kleidete.

Da die Öffentlichkeit eigentlich schon, seitdem sich Fanny Lewald für die Schriftstellerei entschieden hatte, zu ihrer persönlichen (privaten) Sache geworden war, nahm sie jede Gelegenheit wahr, in dieser Richtung zu wirken und hierin war der Salon, deren Leitung ja im besonderen den Frauen vorbehalten war, ein hervorragendes Forum.

Was sie als professionelle Schriftstellerin im Begriff war, kennenzulernen, potenzierte sich hier im Salon. Die Betätigung in der Öffentlichkeit forderte von ihr ständige Aufmerksamkeit, gesellschaftliches Fingerspitzengefühl, schriftstellerisches Reagieren von Fall zu Fall in unterschiedlichen Formen. Es bedeutete Einschränkung des Privatlebens als Frau, Verzicht schließlich auf ein Familienleben mit eigenen Kindern.

Alle Salonniéren hatten feststellen müssen, daß sie genügend Freiheit und Freizeit für ihre regelmäßigen Salongeselligkeiten brauchten. Von den insgesamt 60 großen Berliner Salonniéren - in der Zeit von 1780 bis 1914 - waren acht unverheiratet, zwölf heirateten erst im mittleren Alter und blieben kinderlos. Andere eröffneten ihren Salon erst, nachdem ihre Kinder herangewachsen waren. So ergab es sich immer häufiger, daß sie mit 40 Jahren ihren Salon eröffneten, da dieses Alter sich für eine Salonnière als äußerst akzeptabel erwies. Eine verwitwete Salonniére genoß im allgemeinen größeres Ansehen als eine unverheiratete oder eine geschiedene. Wer einen bereits eingeführten Salon übernehmen konnte, z. B. von seiner Mutter, hatte es am Anfang leichter. Über die Hälfte der Berliner Salonniéren war künstlerisch, musikalisch oder literarisch tätig, und zwar über das Dilettieren hinausgehend, ungeachtet ihrer adligen oder bürgerlichen Herkunft.

Fanny Lewald und Adolf Stahr, November 1876, Fotografie

3.7. Zäsur und Kontinuität im Werk

Während Fanny Lewald als Schriftstellerin bis 1848 an den Ausgang der Revolution Hoffnungen auf Veränderung der Verhältnisse geknüpft hatte, läßt sich mit Beginn der zweiten Jahrhunderthälfte bei ihr ein deutlicher Wechsel feststellen. Brigitta van Rheinberg bezeichnet ihren Roman „Wandlungen",[48] erschienen 1853, als Neubeginn: „Die Idee des gesellschaftlichen Wandels und einer langsamen, aber stetigen Verbesserung der Zustände - nicht durch Revolution, sondern durch Reformen - sollte von da an den Grundton ihres gesamten Romanwerks bilden." (Rheinberg, S. 187) Gabriele Schneider führt für Lewalds schriftstellerische Entwicklung nach 1850 unter anderem die Rahmentechnik an, „die Fanny Lewald in den ‚Dünen- und Berggeschichten' (1851) sehr geschickt nicht nur als ein Mittel der Vereinheitlichung zur Schaffung äußerer Harmonie einsetzt, sondern auch innerhalb des Zyklus für jede der Novellen" und die „eine wesentliche Bereicherung ihres erzählerischen Repertoires" darstellte. (Schneider, S. 259)

Es entsteht der Eindruck von Einheit und Ganzheit, der ihren Tendenzromanen und -novellen noch fehlte. „Auffällig an Lewalds Schreibweise ist nach wie vor die Häufung von Erzählerkommentaren und moralischen Sentenzen," (Ebd., S. 269) wird an anderer Stelle vermerkt. Zwischen den beiden erwähnten Werken hatte bei der Lewald eine intensive Reflexion über den Roman stattgefunden, die sich in ihrem Tagebuch niederschlägt und an den englischen Roman anknüpfte. Sie hatte gerade im Anschluß an die Reise ein zweibändiges Reisetagebuch über England und Schottland herausgegeben. „In allen meinen Romanen sind die Figuren - ihrer inneren Wahrheit nach - in ihren Kreis gebannt," führt sie aus. Dagegen fällt ihr an Goethes „Werther" und an seinen „Wahlverwandtschaften" auf, daß „sie doch eben beide ‚auf eine gewisse Abstraktion vom Leben', auf ‚den schönen Schein' gearbeitet (sind) und verhalten sich zum Leben wie die

---

48 Inhaltliche Zusammenfassungen der Lewaldschen Erzählwerke seit 1850, einschließlich der „Wandlungen", finden sich im Anhang bei Regula Venske, Alltag und Emanzipation. Eine Untersuchung über die Romanautorin Fanny Lewald. (Unveröffentlicht), Hamburg 1981.

griechischen Götterbilder zum Menschen ... Die Leiden eines armen Studenten, eines Nähmädchens, eines Handwerkers sind in dieser typisch abstrakten Weise nicht wahr zu behandeln möglich." (GG, S. 20) Der Schriftstellerin war es ein wichtiges Anliegen, die naturalistische Darstellungsweise ihrer Erzählungen auch im authentischen Milieu unter Beweis zu stellen und dadurch auf ihren Wahrheitsgehalt zu überprüfen: „Ich meines Theils habe für meine Darstellung der Volkscharaktere von dem Urtheil der niedern Stände über meine und meiner Freunde Arbeiten sehr viel mehr gelernt, als sie durch die Lektüre unserer Arbeiten gewonnen haben können, mit denen wir sie zu schildern unternommen." (zit. n.: Schneider, S. 275) Hierhin gehört auch, daß sich die Lewald in England und Frankreich von den sozialen Verhältnissen an Ort und Stelle persönlich überzeugte, um sich in ihren Schriften durch Kompetenz auszuzeichnen.

Aber sie ist sich darüber im klaren, daß der Schriftsteller (die Schriftstellerin) sich davor „hüten muß, die ordinäre Ähnlichkeit des entstellenden Daguerrotyps zu erstreben, sondern ‚das Maßhalten' zum Hauptgesetz der Kunst erheben sollte. (GG, S. 23) Bei aller vernunftbetonten Einsichtigkeit jedoch ist ihre Beziehung zum bürgerlichen Realismus „geprägt vom Widerspruch zwischen Theorie und Praxis." (Schneider, S. 270), z. B. gehört die Detailmalerei zu ihren besonderen Stärken, obwohl sie in der Theorie die Kleinteiligkeit im Roman ablehnte.

Das Nebeneinander von Ereignissen und Charakteren, wie es in der Tendenzliteratur gängig war und wie es Gutzkow nach wie vor betrieb, hatte Fanny Lewald in den 1850er Jahren überwunden, sie bekennt sich „zum roman intime, wie die Sand ihn schreibt (und) wie die Hahn." (GG, S. 23) Lewald konzentriert sich auf eine Figur und zeichnet deren Charakter. Oftmals geht dies schon aus dem Titel hervor, z. B. „Nella", „Die Erlöserin", „Benedikt" , „Benvenuto", „Stella". Die psychologische Entwicklung wird von der psychologischen Notwendigkeit bestimmt. Dabei hat „ein roman intime ... notwendig einen festen Plan, eine bestimmte Schranke und ein gewisses Maß - während der Roman der Ereignisse planlos sein kann und unabsehbar ist, wie die Möglichkeit der Ereignisse selbst." (GG, S. 24)

Sie weiß um die Zäsur in ihrem schriftstellerischen Schaffen. Rückblickend schrieb sie als Sechzigjährige in ihr Tagebuch, daß sie sich nach ihren ersten Romanen „nicht bewußt ist, irgend ein Modell für irgend eine Gestalt gehabt zu haben und ebenso wenig wie für alle meine späteren Arbeiten, d. h. für diejenigen, die nach den ‚Wandlungen' entstanden sind, in denen ich noch in einzelnen Figuren einzelne Züge von mir bekannten Figuren benutzt habe." (GG, S. 153)

Diese Wende, die ihre gesamte Existenz umfaßt, bringt für sie unversehens eine neue schriftstellerische Aufgabe mit sich: „Es kommt für jeden eine Zeit, in der das Leben übersichtlich wird ... Das eigentliche Hoffen, Wollen, Erstreben, Erwarten hat aufgehört, das selige Träumen von dem, was alles möglich ist, ist zu Ende. Bestimmtes Handeln zu bestimmtem Zweck, ruhiger Genuß und entsagendes Erdulden sind an die Stelle getreten." (GG, S. 32)

In der „La Presse" war die Lebensgeschichte von George Sand erschienen. Für die Lewald ein Anlaß aufzuhorchen - man hatte sie oft mit der Sand verglichen - und sich mit dem Sujet auseinanderzusetzen: Was ist eine „Lebensgeschichte", was sind „Memoiren"? Das Vorbild für eine „Lebensgeschichte" prägte für sie Goethe mit „Dichtung und Wahrheit": „Er ist der Held seiner Biographie und weil diese einen Helden, einen Mittelpunkt hat ..., konnte er diese Biographie zu einem vollendeten Kunstwerk gestalten ... So wüst und formlos auch manches darin gewesen sind mag, er beschneidet, er umrahmt es, bis es sich zur Aufbewahrung in der bestimmten Form gebrauchen läßt.., so kommt das Bild jedes Menschen in seiner Wesenheit durch dies Verfahren doch zu seinem Rechte, ja es tritt gefaßter und vollständiger für die Nachwelt hervor." (GG, S. 34)

In ihren Romanen hielt Fanny Lewald der Gesellschaft einen Spiegel vor und prangerte ihre Mißstände an. Ihr besonderes Engagement galt der Frauenfrage, der Ehe und der Ehescheidungsfrage, der Judenfrage und der Dienstbotenfrage. Sie trat für die unverheirateten Frauen ein, für ihre Ausbildung, ihre gesellschaftliche Anerkennung und soziale Absicherung. Ihre Forderung nach „Emanzipation zur Arbeit" war aus eigener bitterer Erfahrung in ihrer Jugend hervorgegangen, insofern gehört auch ihre Autobiographie in die Reihe ihrer Werke zur Frauenemanzipation, neben ihrer Streitschrift „Für und wider die Frauen" (1870) und den „Osterbriefen für die Frauen" (1863), die besonders die Dienstbotenfrage behandeln.

„Der natürliche Beruf der Frau ist Gattin und Mutter zu sein!", höhnt Fanny Lewald: „Als ob dasjenige der Beruf des Menschen sein könnte, was er durchaus nicht leisten kann aus eigener Machtvollkommenheit ... Wie die Jahrtausende das Verhältnis und die Lebensstellung der Geschlechter herausgebildet haben, könnte man mit ungleich größerem Recht den Satz aufstellen: Der natürliche Beruf des Mannes ist Gatte und Vater zu werden! Das ist aber noch keinem Philosophen, noch keinem Staatsmann, noch keinem Theologen, ja noch keinem vernünftigen Menschen eingefallen. Von dem Mann nimmt man als selbstverständlich und mit Recht an, daß er sich zunächst Selbstzweck ist." (GG, S. 136)

„Dazu beizutragen, daß diesem Bürgertum ein soziales Gewissen erzogen wurde, war der Grundgedanke ihrer Lebensarbeit." (Schlüpmann, S. 26) Ganz besonders wollte sie das Verantwortungsgefühl der Frauen stärken und sparte daher ihnen gegenüber nicht mit Kritik, z. B. an Begriffen wie „die Frauen - das schwache Geschlecht", an dem Geschmack vieler Frauen an oberflächlicher, wirklichkeitsfremder Lektüre, an ihrer Putzsucht und an überspannten und absichtlich kränkelnden Frauen. Aus ihrem tiefen Gefühl für die Gleichwertigkeit der Geschlechter forderte sie für die Frauen eine gründliche geistige Durchbildung von Jugend auf, denn nichts Weibliches ginge bei alledem verloren. „Als die einzige dauernde Grundlage einer Ehe, die wirklich diesen Namen verdient, erscheint ihr daher die Liebe, die von einer tiefen, gegenseitigen Achtung getragen und von gemeinsamem Streben durchdrungen ist." (Ebd., S. 87) Strikt und eindeutig erklärt sie: „Eine Ehe aber, an der die Seele keinen Anteil mehr hat, ist unsittlich." (zit. n.: Schlüpmann, S. 92) In der Judenfrage legte sie „Hauptnachdruck auf die seelische Gleichwertung" (Ebd., S. 96) und stand ihren Glaubensgenossen keineswegs kritiklos gegenüber. Zu den „Lichtseiten ihres Stammes" gehörten ihr Vater, ihr Vetter Heinrich Simon und Johann Jacoby.

„Das Wort ‚Dienstboten' muß aus der Sprache heraus", befand sie, „es muß wie ‚Leibeigenschaft' als Begriff in die Raritätenkammer des Sprachschatzes verbannt werden - und wir müssen zu der Bezeichnung ‚Gehilfen' kommen, die die Amerikaner schon haben. Haushaltsgehilfen, Hausgehilfen." Es ging der Lewald eindeutig um ein menschliches Verhältnis, das das ‚anerkannt kontraktliche' aufwerten sollte. Jedoch weiß sie keinen anderen Weg als die aggressive Kritik, um ihre Geschlechtsgenossinnen aufzurütteln: „Aber üble Gewohnheit und Gedankenlosigkeit haben die Seelen der gebietenden und besitzendenden Frauen ... weit mehr verengt als die Seelen der Männer." (Göhler, 4. Brief) Was die didaktisch-appellative Sprache betrifft, so hat sie - wenn man ihr ihre viktorianische Strenge nachsieht - die Gabe, das Wesentliche mit starkem Aufforderungscharakter zusammenzufassen: „Ihr sollt sie heranbilden nicht allein für einen Dienst, sondern recht eigentlich zu Frauen ihrer Männer, zu Müttern ihrer Kinder. Sie sollen bei euch lernen, sich einst innerhalb bestimmter Schranken zu bescheiden. Sie müssen mit Lust arbeiten lernen, sie müssen sparen, das Ihre zu Rat halten, mit geringen Mitteln viel leisten lernen." (Göhler, 6. Brief)

Vermutlich hätte Fanny Lewald die Veränderung, die sich in ihrem Leben und Schreiben durch die Gegenwart Adolf Stahrs vollzog, keinesfalls als „Bruch" bezeichnet. Die Gemeinsamkeit, die die beiden im Leben und Schreiben bereits erfahrenen und gestandenen Persönlichkeiten zusammenführte, bestand ihrer Ansicht nach darin, daß jeder auf sich selbst beruhte: „Eine der ersten Notwendigkeiten für den Menschen ist festes Beruhen in sich selbst, und für den Schriftsteller mehr als für jeden anderen. Wer diese innere Unabhängigkeit nicht hat, sollte niemals eine Feder in die Hand nehmen oder gar eine Zeile drucken lassen. Uns beiden hat sie im Leben und Schreiben nie gefehlt, und das war unser Glück und gab uns Ruhe und Frieden." (GG, S. 331)

3.8. Ihre Ehe mit Adolf Stahr – gemeinsame literarische Arbeit

Wie Fanny Lewald im folgenden ihre erste Begegnung mit Adolf Stahr wiedergibt - und für den Wortlaut kann man sich bei dem Gedächtnis und der Wahrheitsliebe der Lewald verbürgen -, so muß man sich das zunächst interesselose Aufeinandertreffen der beiden vollkommen konträren Schriftstellertypen etwa vorstellen: „So suchen Sie ihn kennenzulernen! Er ist ein Mann von Distinktion", sagte Fräulein Adele Schopenhauer 1845 in Rom zu Fanny Lewald. „Suchen Sie die Bekanntschaft von Professor Stahr zu machen, da sein Name unter den jüngeren Schriftstellern Klang besitzt und Ihnen, da Sie es doch auf eine literarische Laufbahn abgesehen haben, dergleichen Beziehungen durchaus nötig sind." (RT, S. 50)

Fanny Lewald war in den nächsten Wochen vollauf mit den vielen interessanten Menschen im deutschen Künstlerzirkel in Rom beschäftigt. Erst einige Monate später, als sich Stahr für eine kleine weihnachtliche Aufmerksamkeit bei der Lewald bedankte, fand das erste persönliche Gespräch mit Stahr in ihrer Wohnung statt. Nachdem er an ihrer gesellschaftlichen Umtriebigkeit ein wenig spöttisch Anstoß genommen hatte, was ihm überhaupt nicht zustand, mußte er das Bedürfnis gehabt haben, sie noch direkter, noch aggressiver anzusprechen: „Da wir nun auf Arbeiten und auf Ihr Arbeiten gekommen sind, so muß ich Ihnen auch gestehen, daß ich von Ihren Romanen nichts gelesen habe. Ich erinnere mich, daß mir, da ich zu Hause einen Lesezirkel dirigierte, Ihr Roman ‚Jenny' einmal in die Hand gekommen ist, aber ich habe ihn - bestrafen Sie mich, wenn Sie wollen - mit einer süpremen Verachtung auf die Seite geworfen, weil auf dem Titel eine Verfasserin angegeben war; und damit Sie denn gleich alles auf einmal erfahren, bekenne ich Ihnen zugleich, ich habe mich sogar hier geweigert, Ihre Bekanntschaft zu machen." Schlagfertig antwortete die Schriftstellerin darauf: „Da habe ich Ihnen etwas voraus, denn ich habe Ihre Arbeiten in den Halleschen Jahrbüchern gelesen, und ich habe Sie mit meiner Sendung fast gezwungen, mich aufzusuchen." (RT, S. 86)

In der Tat standen sich zwei Menschen gegenüber, die in ihren Gewohnheiten, in ihrer Lebensführung, in der Tradition ihrer Vorfahren nicht verschiedener sein könnten. Stahr stammt aus einem dörflichen

Pfarrhaus in der Nähe von Prenzlau. Die häusliche Geldnot hatte für den begabten Schüler bedeutet, Freitische wahrzunehmen und schlecht bezahlten Privatunterricht zu erteilen. Inzwischen war er klassischer Philologe geworden, hatte sich auf Aristoteles spezialisiert, war Kritiker und Essayist, Familienvater mit Frau und fünf Kindern und als Konrektor in Oldenburg tätig.

Fanny Lewald war schon zu der Zeit in ihren Kreisen eine „gefeierte Schriftstellerin", „doch gelehrter Bildung so unteilhaftig, daß sie in mancher Beziehung als unwissend gelten durfte." (Geiger, 1903, XLI) Sie war sich dieses Mankos wohl bewußt und notierte später in ihrem Tagebuch: „Zwischen mir und Adolf besteht der Unterschied des wirklichen Wissens und des zufälligen Könnens." (GG, S. 49) Andererseits veränderte ihn das antikische Rom, er, „der mit vollen Atemzügen seine Freiheit genoß und trunkenen Auges in die ihm zum ersten Mal aufgetane Welt der Kunst blickte" (GG, S. 49), lebte neu. Sie, selbstbewußt in ihrem Auftreten, gebildet, politisch und religiös freidenkend, „äußerlich anziehend, ohne schön zu sein" (Geiger, XXXIX), voller Lebensfreude, übte einen bisher unbekannten Reiz auf ihn aus.

Vor allen Dingen gelang es ihr bald, ihn von seinen Vorurteilen gegenüber schreibenden Frauen zu befreien. Die Gleichwertigkeit der Geschlechter, die Fanny Lewald seit Theodor Gottlieb von Hippel[49] zum ersten Mal in der Literatur wieder aufgegriffen hatte, war ihr durch ihre Romane in unterschiedlichen Figurenkonstellationen geläufig, und sie konnte Stahr bald überzeugen. In ihrem Römischen Tagebuch legt sie ihm am Ende einer solchen Aussprache folgendes Zugeständnis in den Mund: „Ich werde dich nicht hindern, geh nur deinen Weg. Ich will versuchen, ihn verstehen zu lernen und dich nur festhal-

---

49 Theodor Gottlieb von Hippel (1741-1796), entstammte einer pietistischen Schulrektorfamilie vom Lande. Er studierte an der Königsberger Universität Theologie. Eine Reise an den Zarenhof bewog ihn, ein Jurastudium anzuschließen. 1765 wurde er Advokat am Stadtgericht, Kriminalrat, später Kriegsrat und Stadtpräsident. Er verfaßte zwei Komödien und viele, z. T. anonyme Schriften, u. a. drei aufsehenerregende Abhandlungen zur Emanzipation der Frau: Über die Ehe (1774, 1776, 1792f.), Über die bürgerliche Verbesserung der Weiber (1792), Nachlaß über weibliche Bildung (1801). In der Tischrunde Kants nahm der „Zentral- und Plankopf" von Hippel einen Ehrenplatz ein.

ten und dich warnen, wo du dir selbst abhanden kommen könntest." (RT, S. 217)

Die Bearbeitung der Italienreise nahm Stahr sofort vor, und 1847 erschien sein Buch „Ein Jahr in Italien". Im Laufe der folgenden Jahrzehnte wurde es mehrfach wieder aufgelegt. Varnhagens Lob: „Ich habe noch mit niemanden Italien so gern besucht als - Goethe ausgenommen - mit Ihnen." (zit. n.: Jansen, 1904, S. 207) Seine Arbeit an „Die Republikaner in Neapel" nahm Stahr in Oldenburg wieder auf. Lewald plante nach einem Besuch bei Therese von Bacheracht in Hamburg einen Abstecher nach Oldenburg ein, ihr Buch „Diogena" war soeben erschienen und die Kritik des Lobes voll. In der „kleinen abgelegenen Stadt" war sie wegen ihrer literarischen Popularität eine Sensation. Durch Empfehlung des russischen Gesandten von Struve, des Vaters der Therese von Bacheracht, wurde sie an höchster Stelle empfangen. (Ebd., S. 213) In der Zwischenzeit arbeitete sie in ihrer Oldenburger Unterkunft bereits an ihrem neuen Werk „Prinz Louis Ferdinand".[50] Die literarische Arbeit beider schritt ungestüm voran, beflügelt durch ihre gegenseitige Liebe und gefördert durch viele gegenseitige Ratschläge, durch Lewald mehr im Praktischen und durch Stahr mehr im Bereich der Theorie, begleitet von heftig aufbrechenden Entscheidungskämpfen und leidenschaftlichen Liebesbezeugungen, Wechselbäder der Gefühle, die erst den Anfang bildeten für einen langen Weg in den ersehnten Ehehafen.

Lewalds Bekenntnis zur Ehe, als einzigem Weg, „der den Menschen zu der größten Vollkommenheit führt, die seiner Individualität möglich ist", und ihre Entschiedenheit - „ich habe es nie begreifen können, wie in der Ehe irgend Etwas die Menschen aneinander kettet als ihr Herz" (ML, III, S. 19f.) - statteten sie mit der erforderlichen Kraft aus. Ihr „Herz" ist nicht ohne Verstand. Sie verfügte über einen allgemein geschätzten „scharfen Verstand", was sie jedoch nicht hin-

---

50 Prinz Louis Ferdinand (1772-1806), Prinz von Preußen, Neffe von Friedrich II., der Große., diente als Offzier in der preußischen Armee und unterstützte die Steinschen Reformen. Er war musikalisch hoch begabt, ein hervorragender Pianist und komponierte vornehmlich in romantischer Tonsprache. Gern gesehener Gast war er im Salon der Rahel Levin. Fanny Lewald benutzte den Briefnachlaß, den ihr Varnhagen überließ, für ihren dreibändigen Roman „Prinz Louis Ferdinand", Breslau 1849.

derte, gegenüber Kränklichen, Schwächlichen und Hilfsbedürftigen mit Mitleid und Mütterlichkeit zu reagieren. Entsprechend definiert Ludwig Geiger: „Hauptsächlich jedoch war ‚die große Liebe', die sie mit ihrem Gatten verband, hervorgegangen aus der Erkenntnis, daß sie für ihr geistiges Weiterleben und ihre Fortentwicklung gerade diesen Mann besitzen müsse." (L. Geiger, In: GG, XIII) Daneben nimmt Geiger auch „eine Art Mitleid (wahr) mit dem kränklichen, durch feste Bande, die seinen Aufschwung niederhielten, gefesselten Mann" und „etwas von Mütterlichkeit, das ihr eigen war und blieb, obgleich oder weil sie nie Kinder gehabt hatte." (GG, XIII)

Karl Frenzel benennt in seiner Skizze über Fanny Lewald in „Erinnerungen und Strömungen" (1890) Stahrs diesbezügliche Vorteile genauer: „Eine ungewöhnliche Belesenheit, ein geübtes Auge und ein meist sicheres Urteil." In dieser Dimension wurde die Entscheidung, ihn zu erringen, für sie existentiell. Sie favorisierte die Öffentlichkeit, die letztlich nur dem Mann, dem Sich-selbst-Bestimmenden, zustand. „Diese Selbstbestimmung orientiert sich inhaltlich an männlichen Idealen, männlich-bürgerlichen Bewußtseinsformen, die zum Wertmaßstab des Erstrebenswerten werden: der kreativ-produktiven Persönlichkeit." (Prokop, S. 400)

Aufklärung und Romantik hatten gezeigt, wie begabte Frauen sich auf diese Situation einstellten: Identität erhielten sie zu der Zeit noch am ehesten als Teil eines Paares mit dem Mann. Die „Illusion vom Großen Paar" ging zwar auf Kosten der weiblichen Subjektivität, verbreitete aber in dieser Einheit von Körper und Geist etwas Hoheitsvolles, eine gottgegebene Aura von Poesie, wenn wir an die Beispiele der Ehepaare Johann Christoph Gottsched und Luise Adelgunde Kulmus („die Gottschedin") oder an Friedrich Schlegel und Dorothea Mendelssohn denken, Beispiele, in denen Frauen ihr gesamtes geistiges Potential in die literarische Arbeit ihrer Männer einbrachten.

Fanny Lewalds Denken wurde dagegen vom Rationalismus bestimmt, als selbständige Schriftstellerin war ihr ihre Subjektivität unverzichtbar. Sie wäre unter keinen Umständen mehr bereit gewesen, ihre eigene Arbeit der ihres Mann unterzuordnen, ihren Namen gleichsam zu eliminieren. Die Gleichwertigkeit von Mann und Frau, als Nebeneinander, war ihrem Lebensplan immanent. Obgleich diese Idee so lange ein Konstrukt bleiben mußte, wie Lewald es nicht aufgeben konnte, vor allem ihre eigenen Geschlechtsgenossinnen bei jeder möglichen Gelegenheit zu denunzieren, ja geradezu abzukanzeln und sich auf der Seite der Männer schadlos zu halten. Das wiederum verdankte sie ihrer geistigen und familiären Konstellation, die eine „Identifikation mit dem Aggressor" (Anna Freud, zit. n.: Gay, S. 404) schon von Kindheitstagen bei ihr bewirkte, d. h. eben jene Orientierung an männlichen Vorbildern.

Wie die zweigeteilten Fabelwesen der Antike, denen die Idee zugrunde liegt, naturgegebene Widerstände zugunsten außergewöhnlicher Möglichkeiten aufzubrechen, wird sie, bei allen ihren Verdiensten, immer auf ihre offenkundigen und unvereinbaren Widersprüche zurückgeworfen werden. So gesehen ist die Lebensgeschichte der Fanny Lewald exemplarisch nicht wegen des Leitbildes, „sondern in den Widersprüchen, den Kosten und Opfern des Emanzipationsprozesses." (R. Venske, In: Brehmer, S. 372) Wobei ihre Widersprüchlichkeit „nicht als Bruch in ihrer historischen Entwicklung zu verstehen ist, sondern als Kontinuität, die quer zu ihrer zeitlichen Entwicklung liegt, als Widersprüchlichkeit einer - geschichtlichen und gesellschaftlichen - Individualität, die nur zu begreifen ist in der Dialektik von Alltag und Emanzipation." Das Schreiben - eben auch in den von ihr verwendeten unterschiedlichen Genres, Belletristik und Feuilleton - ist für Lewald „ein Medium, in dem Aufbegehren und Anpassung stattfindet, in dem sie Freiräume entwickelt und zurücknimmt, Ausbruchsphantasien und Emanzipationsgedanken formuliert und diszipliniert." (Ebd., S. 373)

In der engen Verbindung mit dem Gelehrten Adolf Stahr fand sie zu Goethe und damit zu einem in seiner geistigen Autorität unanfechtbaren Vorbild. Ihr Stil veränderte sich, eine gewisse Formglätte machte sich - nicht immer vorteilhaft - bemerkbar. Die praktische Behandlung der Zeitfragen mündete nun ganz eindeutig in Appelle und Petitionen, während sie auf der anderen Seite mit ihrem typischen Figurenapparat ihre Romane und Novellen schrieb. „Keine (ihrer Novellen), selbst die spätesten nicht, zeigt Ermüdung, Nachlässigkeit in der Composition, sondern alle sind fleißig gearbeitet, sorgfältig durchdacht, gut geschrieben." (Geiger, 1896, S. 335) Als Siebzigjährige resümierte sie über ihre gemeinsame literarische Arbeit: „Er und ich hätten ohne einander nicht werden können, was wir geworden sind - und wir haben auch beide, obschon wir uns nie darüber getäuscht, daß Marie (Stahrs erste Frau) und was sie durch uns gelitten - nicht bereut, was wir von ihr gefordert. 21 Jahre gemeinsamen Glücks sind uns geworden." (GG, S. 325)

Fanny Lewalds Ehe mit Adolf Stahr begann mit der Scheidung von seiner ersten Frau Marie, geb. Kraetz (1813-1879). Sie war Tochter eines sächsischen Schulinspektors und seiner in renommierten Privatinstituten, u. a. bei Pestalozzi, ausgebildeten Frau, die nach dem Tode ihres Mannes als Lehrerin in Halle tätig war. Die Verlobung Stahrs mit Marie Kraetz fand 1829 statt, sie war 16 Jahre alt, er 24. Geradezu schicksalhaft waren die ersten Romane Lewalds durch Ehethemen, speziell die Konvenienzehe, bestimmt. Das Thema Ehescheidung hatte in den 1840er Jahren in Preußen für öffentliches Aufsehen gesorgt, angesichts der hohen Scheidungsraten, z. B. wurden 1840 3000 Scheidungen gezählt bei einer Einwohnerzahl von 14,9 Millionen und einem „Ehestand" von 2.470.100 Ehen. (zit. n.: Dirk Blasius, In: Frevert, 1988, S. 76) Das preußische Scheidungsrecht, d. h. die Bestimmungen über die „Trennung einer Ehe durch richterlichen Ausspruch", war Teil des „Allgemeinen Landrechts" und hatte bis zur Einführung des Bürgerlichen Gesetzbuches 1899 Gültigkeit. Es ermöglichte den Frauen einen relativen Spielraum, ihre Interessen durchzusetzen, im Gegensatz beispielsweise zu französischen Verhältnissen im gleichen Zeitraum. (Ebd., S. 71) Nicht zuletzt war dies auf die Mitwirkung des Königsberger Juristen und Schriftstellers Theodor Gottlieb von Hippel zurückzuführen.

Fanny Lewald erwähnt, daß sie 1844 durch die „Halleschen Jahrbücher" zu ihrem dritten Roman „Eine Lebensfrage" inspiriert worden sei, nämlich durch Gedanken, „daß in gewissen Fällen die Trennung einer Ehe zu einer sittlichen Notwendigkeit" werden könne. (RT, S. 115) Sie benutzte Goethes Roman „Die Wahlverwandtschaften" für ihren Roman als eine Art Alibi „für die These, daß Ehen, die ohne gegenseitige tiefe Neigung geschlossen werden, unsittlich und deshalb aufzulösen seien." (Schneider, S. 158) Daß sie sich ohne weiteres und deutlich auf Goethe bezog, sollte ihre „Opposition gegen das traditionelle Verhaltensmuster der Entsagung" bekräftigen. (Ebd., S. 160) Schon in früher Jugend hatte sie sich vehement gegen die Vorliebe ihres Vater für Goethes „Natürliche Tochter" ausgesprochen und gegen dieses unglückliche Mädchen, „das sich ohne seine Neigung verheiratete" nur „Widerwillen" empfunden. (ML, I, S. 163) Margaret E. Wards Untersuchungen weisen aus, daß in allen drei Romanen ihres schriftstellerischen Anfangs „eine Opposition zu Goethe spürbar ist." (zit. n.: Schneider, S. 160) Gleichzeitig war es jedoch eine Opposition zu den traditionellen Ansichten, wie sie ihr Vater vertrat. Sie konnte unmöglich ahnen, daß sie „in der Romankonstellation Caroline versus Alfred/Therese 1844 die Beziehung zwischen Marie Stahr/Adolf und ihr selbst ab 1846 quasi vorwegnahm." (Ebd., S. 158)

In ihrer Lebensgeschichte bezeugt sie ausdrücklich ihre Ahnungslosigkeit gegenüber ihrem eigenen Schicksal: „daß ich Verhältnisse erfand, Schmerzen und Leiden darstellte, welche ich in weit höhrem Maße selbst zu durchleben haben sollte ... ja, daß es mir beschieden sein würde, mich schon ein Jahr nach dem Erscheinen meines Romans, als Mitleidende in den Seelenkämpfen zu befinden, welche durch die Trennung einer nicht mehr glücklichen und darum nicht mehr aufrecht zu erhaltenden Ehe, veranlaßt wurden, durch deren Scheidung sich mein jetziges Dasein mit seinem Frieden und mit seinen Freuden aufgebaut hat." (ML, VI, S. 147) „Es ist F. L. der Vorwurf nicht erspart worden, daß sie zur Ehe mit einem verheiratheten Manne schritt, der die Scheidung von seiner ersten Frau voraufgehen mußte", schreibt Henriette Goldschmidt und merkt an: „Ob die bereits im J. 1845 ausgesprochenen Ansichten von der Pflicht der Ehescheidung, sobald die Liebe aus der Ehe geschwunden, vor dem Forum einer sittlichen Lebensanschauung, vor der Auffassung einer Familie als einer Gesammtpersönlichkeit, in der das subjective Recht der Einzelnen, namentlich der Gatten, als Gründer der Familie aufzugehen hat - bestehen kann, ist nicht unseres Amtes, zu entscheiden." (H. Goldschmidt, In: Allgemeine Deutsche Biographie, 35. Band)

In der Gesellschaft der Damen im römischen Künstlerzirkel 1846 schienen ihr die Anwesenden voll zuzustimmen und „jeder von den Frauen wußte schließlich Beispiele in Fülle dafür anzuführen, wie gerade bedeutende Männer am wenigsten danach Verlangen trügen, in ihren Frauen einer entsprechenden geistigen Bedeutung zu begegnen." (RT, S. 115) Fanny Lewald selbst wußte sich zu der Zeit noch in „voller sicherer Freiheit und mit einer Herzensruhe, die es nicht voraussah, wie bald ich berufen sein würde, mit zu erleben, was ich gedichtet hatte, wie bald ich in einer Ehestandstragödie eine der handelnden und mitleidenden Personen werden würde." (RT, S. 115)

Als Fanny Lewald und Adolf Stahr sich bald darauf ihrer gegenseitigen Liebe, die ja die Voraussetzung alles weiteren war, sicher sein konnten, fühlte sie sich „zwischen Anklagen gegen mich und gegen ihn ... wie die Verdammten in der Danteschen Hölle wirbelnd umhergetrieben." (RT, S. 135) Einer ihrer ersten klaren Gedanken galt ihrem Vater. Schon längere Zeit hatte sie ihrem Vater keine regelmäßigen Berichte und Nachrichten mehr von sich geschickt: „Mein Vater, wenn er eine Ahnung von meinem Seelenzustand hätte, meine Brüder, wenn sie darum wüßten, würden mit Gewalt auf meine Entfernung dringen." Aber das Gefühl der Abhängigkeit von ihrem Vater - und ihrem Vaterhaus - hatte sie inzwischen verloren: „Indes, was kümmerten sie mich? Was wären mir Brüder und Schwestern neben ihm? ... Was kümmerte mich die ganze Welt? - Er und ich. Das war ja die Welt." (RT, S. 136)

In einem Brief an den Erbprinzen Carl Alexander von Sachsen-Weimar bittet Fanny Lewald ihn Anfang November 1849, wenn er nun nach Oldenburg fahre, ihren „Freund Professor Stahr" zu besuchen, „sicher einer der bedeutendsten Autoren unserer Zeit, ... der in nicht behaglichen Verhältnissen in dem entfernten Ort lebt, wo ihm seine Welt- und Lebensanschauungen, die ganze Richtung seiner männlichen freien Natur, zu eben so viel Fehlern und Extravaganzen ausgelegt werden." (Köhler, S. 40)

Carl Alexander hatte Adolf Stahr darauf am 7. Dezember 1849 zu einer Unterredung in das Schloß rufen lassen, was zum einen unmittelbar einen Kontakt unter Lewalds Freunden herstellte, zum anderen aber mittelbar dem Ansehen Adolf Stahrs in Oldenburg sehr nützlich war. Die Anstrengungen der beiden Liebenden, zu einer befriedigenden Lösung - besonders für sie selbst - zu kommen, grenzten an Verzweiflung, denn im wesentlichen waren sie von dem nicht zu erwartenden Entgegenkommen der im tiefsten getroffenen Ehefrau Stahrs abhängig. Am 7. Juli 1852 nahm Lewald die Gelegenheit wahr und weihte ihren fürstlichen Freund näher in ihre persönliche Lage ein, die mittlerweile eng an Stahrs Schicksal gekoppelt war, während sie Carl Alexander zunächst, am Anfang ihres Briefes, detaillierte Ratschläge für seine bevorstehende Italienreise gab: „Was es für Stahr heißt, in seiner nächsten Umgebung ganz unverstanden, ganz ohne Theilnahme für das zu leben, was sein eigentliches Leben ist, das werden Sie begreifen ... Eine gutmüthige, aber geistig unbedeutende Frau, die nicht einmal begreift, daß sie dem Mann nicht genügt, hat er frei gewählt und kann sich von ihr nicht ohne ihre Zustimmung trennen." (Ebd., S. 100)

Womöglich erwartet sie Hilfe von ihm bzw. Nachdenken über einen Ausweg: „Wie ruhig wäre ich über das Loos des theuren Mannes und über mein eigenes, könnten Sie entscheiden, gnädiger Herr!" (Ebd.) Nachdem Stahr nach seiner Pensionierung mit seiner Familie nach Jena umgezogen war, hatten verschiedene Unglücksfälle ihn heimgesucht: In seinem Hause war Feuer ausgebrochen, ein Sohn hatte sich beim Sport nicht unerheblich verletzt und seine Frau war krank geworden. Über die aktuelle Situation, die aber immer noch der Klärung bedurfte, setzte Fanny Lewald den Fürsten am 1. Januar 1853 in Kenntnis: „Prof. Stahr ist nicht mehr nach Jena zurückgekehrt". Frau Stahr hatte sich in die Trennung gefunden, „ohne jedoch bis jetzt in die Scheidung zu willigen." (Ebd., S. 107) Lewalds Gesundheit konnte alldem nicht mehr trotzen. Sie litt das ganze Frühjahr hindurch, dennoch hatte sie sich an die Überarbeitung der „Wandlungen" gemacht. Der Tod ihrer Schriftstellerfreundin Therese von Bacheracht verstärkte ihr Leiden. Andererseits ging es auch wieder ein wenig bergauf. So schrieb sie an ihren inzwischen zum Großherzog avancierten Freund: „Professor Stahr arbeitet an seiner Archäologie. Seine Gesundheit hat sich merkwürdig gekräftigt ... Auch seine - unsere - Angelegenheiten sind aufgeklärt, und sie befriedigend zu lösen, ruht nun in Ihrer Hand. Ich denke dieser Akt der Gnade wird Ihrem Herzen wohl thun, weil er uns Frieden bringt." (Ebd., S. 114)

Stahrs Trennung wurde schließlich durch einen Prozeß bei den Oldenburger Gerichten entschieden, damit war aber die Scheidung noch nicht erfolgt und das Zusammenleben des Paares Lewald/Stahr in Zeiten, in denen man „wilde Ehen" verfolgte und öffentlich anzeigte, nervenaufreibend, zumal beide für ein Leben der Bohème nicht geschaffen waren. War es ihre innere Unruhe, die sich in diesen Jahren in einem sehr unsteten Leben niederschlug? Im August desselben Jahres schrieb der Großherzog an sie: „Ich komme also auf den einzigen möglichen Weg. Es ist der, daß Sie wie Prof. Stahr, sich um das Staatsbürgerrecht im Großherzogthume Sachsen bewerben ... Gehören

Sie dann beide dem Lande an, so wird die Scheidung erfolgen, denn nur auf Staatsangehörige kann sich das Gesetz beziehen." (Ebd., S. 115) Vom Oktober 1853 bis zum Oktober 1854 fiel Fanny Lewald in eine tiefe gesundheitliche Krise, schwere Nervenleiden quälten sie, ähnlich wie zu Beginn ihrer Schriftstellerlaufbahn. Zudem gab es neue Hindernisse. Zwar wurde die Auswanderung mit Frau und fünf Kindern, obwohl Pension und Witwengeld von Oldenburg zu erwarten waren, von Oldenburg nach Sachsen-Weimar bis ins einzelne vorbereitet, sie sollte 70 Taler an Gebühren kosten, jedoch, da Frau Stahr später wieder nach Oldenburg zurück wollte, wurde alles neu überdacht. Der Verkehr zwischen den Ehepartnern brach gänzlich ab.

Schließlich berichtete die Schriftstellerin dem Fürsten am 13. Oktober 1854: „Unsere Verheirathung schiebt sich noch immer hinaus, dank dem Versehen eines Advokaten, der es nötig fand, ein Gnadengesuch um Ehekonsens bei dem Großherzog (in Oldenburg) einzureichen." Es verging noch über ein Vierteljahr, bis Fanny Lewald endlich am 6. März 1855 in ihr Tagebuch eintragen konnte: „Heute vor vier Wochen war der Abend unserer Trauung, und ich genieße jetzt unsere bürgerliche Ehe als ein großes Glück; jetzt muß ich zugeben, daß das sichere Beruhen, die Übereinstimmung mit dem Hergebrachten auch sehr süß sind - und die Gewißheit an des besten Mannes Seite zu genießen, so lange wir beide leben, ist eine wonnevolle Aussicht. Nur Gesundheit für uns beide." (GG, S. 30)

Ludwig Geiger schreibt über die Ehe Lewald-Stahr: „Diese ihre spät geschlossene Ehe, die erst durch den Tod Stahr's (1876) getrennt wurde, war eine musterhafte; es hatte etwas geradezu Ergreifendes, die Greisin noch in ihren letzten Lebensjahren über Stahr sprechen zu hören, wenn man auch wußte, daß in das Verhältnis dieser beiden eigentlich so verschieden gearteten Personen sich viel gegenseitige Vergötterung mischte." (Geiger, 1896, S. 334) Für Lewald ist 1855 die Erklärung hierfür einfach. Stahrs ältestem Sohn Alwin, zu dem sich ein besonders enges Verhältnis aufbaute, teilte sie in einem Brief mit: „Für mich, die keinen Gott kennt, als den göttlichen Menschengeist, der die Liebe für den teuren Vater ein Gottesdienst ist - und läuft dann auch ein wenig Abgötterei mitunter, so wird's der Sohn wohl begreiflich finden." (zit. n.: Geiger, 1903, XXIX) Zeit ihres Lebens gelang es ihr nicht, sich von den männlichen Vorbildern, der Ausrichtung auf einen männlichen Zeugen zu lösen, wobei sie das verinnerlichte Ideal ihres Vaters auf andere Instanzen übertrug, sei es auf ihren Ehemann, Adolf Stahr: „Du bist mein Heiland, der mich erlöst hat", „Gott und du seid ja eins, denn ich habe keine anderen Götter neben dir!"; sei es auf ihr literarisches Vorbild Goethe: „Er ist immer von Gottes Gnaden."

Ihr in Italien begonnener Liebesfrühling schien - auch nach der 9jährigen Ausharrzeit, nach dem verzweifelten Warten auf Entscheidung von dritter Seite - anzudauern bis zu ihrem Lebensende: „von beiden Seiten Geltenlassen der Individualität, ehrliches Zugeständnis der Verdienste des anderen, Freude an seiner Anerkennung, ein Sichsonnen in seinem Ruhm". (Ebd., XLV) In ihren Kreisen jedoch amüsierte man sich insgeheim über die beiden und ihre Selbstbespiegelung. Und die Nachwelt hatte inzwischen Gelegenheit, sich davon zu überzeugen, daß Adolf Stahr nicht als der feinste Kunstkenner und der erste Historiker in die Geschichte einging, so daß man ihm ein Denkmal setzen würde, wovon seine Frau damals überzeugt war. Und auch Fanny Lewald erhielt keinen Platz in der Frauenliteratur unmittelbar nach George Sand, wie Adolf Stahr dies voraussah, oder wurde gar eine nationale Größe. Dennoch müsse man ihnen zugestehen, - so Geiger - „daß in diesen beiden, die einen schweren Kampf durchgefochten und siegreich zu Ende geführt hatten, eine so große Fülle echter und wahrer Liebe vorhanden war, daß sie über die Kleinlichkeit des Lebens, den Widerstand der Neider und Feinde, auch über Eigenliebe und Selbstsucht triumphierte und so ein völlig harmonisches Dasein zweier Menschen gestaltete." (Ebd., XLV)

Das Ehepaar Lewald-Stahr reiste viel, zumal sie beide übereinstimmend Berlin nicht als ihren Idealort bezeichneten. Ihre Reise waren Arbeits- und Erholungsreisen zugleich. 1848 hatte Fanny, teilweise zusammen mit Stahr, die Revolutionschauplätze in Paris und Berlin besucht, 1851 hatten sie einige Monate in Weimar gelebt, 1852 mehrere Monate in Rudolstadt (Thüringen), 1853 von Juni bis September in Heringsdorf, 1854 einige Zeit auf Gut Plonchott in Westpreußen. Den Sommer verlebten sie in Hamburg und auf Helgoland, begleitet von Freunden. Dann wieder Baden-Baden, der zweite gemeinsame Aufenthalt in Paris mit einem Besuch bei Heinrich Heine, 1856 bei Gustav Simon und dessen Vetter Heinrich Simon in der Schweiz, darauf nach Potsdam, Oberitalien, Bonn am Rhein usw. In den letzten Lebensjahren Stahrs mußten die Reisen wegen beginnender Krankheit und Schwäche eingeschränkt werden oder wurden in Kuraufenthalte umgemünzt.

Am 6. Oktober 1876 wurde Adolf Stahr in Wiesbaden beerdigt. Am 27. Dezember hielt Fanny Lewald in ihrem Tagebuch fest: „Ich habe das Weihnachtsfest überstanden ohne dich - ich bin unwohl, und du weißt es nicht. Wen kümmert's auch? Wer braucht mich? Und was hab' ich noch zu thun? - Nach so viel Liebe, so viel Glück, so viel Bewußtsein der Unentbehrlichkeit, nach so viel felsenfester Gewißheit in jedem Augenblicke die geliebten Arme geöffnet und an dem reinsten und treusten Herzen meinen sichern Hafen zu finden - allein - im Alter allein!" (GG, S. 225) In den nächsten Monaten hatte sie oft das Gefühl, er wäre noch da: „es ist gar nicht zu fassen! Ich beherrsche das Griechische, das Latein, die klassische und unsere Literatur - alles, was er erworben hatte und besaß, war mein, stand mir zu Gebote. - Jetzt? - bin ich wie eine entthronte Königin einsam auf mich selbst gestellt." (GG, S. 246) Diese Seite der Ergänzung ihres eigenen Ichs war ihr eine sehr wesentliche, und so fühlte sie sich in den folgenden Monaten ohne ihn auf jenen Grad von Unwissenheit bzw. Unkenntnis zurückversetzt, der dem eigentlichen Niveau der ununterrichteten Frauen ihres Jahrhunderts entsprach: „Für eine Frau ist gar nichts peinlicher, als wenn sie mit Männern zu thun hat, die bei sehr beschränktem Verstande ihr doch an Kenntnissen überlegen sind, während sie sie nach allen Seiten übersieht - ohne sie im einzelnen des Wissens mit positiven Thatsachen widerlegen zu können. Die Inferiorität meines Geschlechtes habe ich nie empfunden, die meines Wissens oft sehr bitter und mit Verdruß." (GG, S. 254)

3.9. Am Ende Resignation?

Noch in den letzten Lebensjahren Stahrs, im Dezember 1874 - er trat in sein 70. Lebensjahr ein, sie war im 64. - reagierte die Schriftstellerin mit einem essayähnlichen Brief „Über das Alter" auf Dr. Eduard Laskers Artikel „Über Anlage und Erziehung", in dem er sich speziell zur Schönheit des Alters geäußert hatte. Sie konnte es sich wohl leisten, ihm aufgrund ihrer bestehenden Freundschaft und dank ihrer Popularität ein „Probieren Sie's doch erst einmal!" entgegenzurufen. Ihre scharfsinnigen Argumentationen geben überdies hier und da Einblicke in ihre eigenen, schon beginnenden Ängste vor dem Altwerden. Für den schriftstellerisch tätigen Menschen bedeute z. B. das Dahinscheiden seiner Zeitgenossen einen schmerzlichen Verlust auf „das Recht von seines Gleichen beurtheilt und gerichtet zu werden." (Über das Alter, S. 60) Obwohl der Ältergewordene seine Geburtsstätte vielleicht nie verlassen habe, sei er nicht mehr „in seiner eigentlichen Heimath, und kaum noch unter seinen Landsleuten: am wenigsten in unserer so schnelllebig gewordenen Zeit." (Ebd., S. 61) Im weiteren ist Fanny Lewald der Meinung, daß die „Zufriedenheit des Menschen mit sich selber, der Glaube an sein Können, an seine Bedeutung für das Allgemeine" im Schwinden begriffen seien. Verschiedene auf das Alter bezogene Goethe-Zitate durchziehen ihren Artikel und kulminieren in dem Vers: „Mir bleibt genug! Es bleibt Idee und Liebe!" Dies seien „die Schwingen, mit denen das Alter sich über seine traurigen Bedingungen" (Ebd., S. 63) erheben könne. So kann sich Fanny Lewald - zusammen mit Stahr - noch eine „Schönheit des Alters" vorstellen. Aber allein - im Alter?

Der Tod Stahrs machte sie zunächst völlig fassungslos, was hinsichtlich ihrer starken Aufeinanderbezogenheit zu erwarten war. Das war freilich die Kehrseite des Sich-Unentbehrlichmachens, das sie in ihrer Ehe propagiert hatte. Sie hatte nie eine Reise ohne ihn unternommen, nur um ihre Entbehrlichkeit gar nicht erst offenbar werden zu lassen.

Im zweiten Jahr nach Stahrs Tod faßte sie den Entschluß, der wieder ihrer ursprünglichen Selbstdisziplinierung entsprach: „Ob 8 Tage, 8 Stunden oder 8 Jahre noch vor mir liegen - da ich nicht mehr das Glück habe, ihm zu gehören, will ich wieder mein eigener Herr werden

- und zu leben suchen, wie er's liebte - in Einfachheit, im Genuß des Erhabensten, im Schaffen des Besten, das ich noch vermag." (GG, S. 261) In demselben Jahr sah sie Rom wieder und erinnerte sich an die Zeit ihres Kennenlernens vor 32 Jahren. Anton Dohrn, der das Ehepaar Lewald-Stahr in seiner Berliner Zeit als seine „eigentlichen Eltern und treuesten Freunde" bezeichnet hatte und sich selbst als ihren „geistigen Sohn" (Heuss, S. 65), zeigte nun durch seine schriftlichen Äußerungen an einen Freund, wie wenig Verständnis er im Grunde für diese Frau im Alter hatte, die eigentlich seine alte Freundin war: „Fanny Stahr ist wieder hier. Du weißt doch, daß Stahr tot ist. Wenn ich je empfand, daß sie mir antipathisch war, so ist es jetzt der Fall. Ihr Herz und Gemüt sind aus Pockholz, woraus man die Kegelkugeln macht, und es ist fast noch erträglicher, sie bestimmt und entschieden kalt und hart zu sehen, als mit Gefühlen beschäftigt, deren Tiefe und Gewalt sie nie begreift und besessen hat. Daß Stahrs Tod ihr Leben völlig verändert und ärmer macht, ist bei dem reichen Gemütsleben, den oft unerträglichen, aber auch ebenso oft liebenswürdigen Launen, dem ungleich feineren ästhetischen Empfinden, das ihn im Gegensatz zu ihr auszeichnete, sehr unzweifelhaft. Auch tut sie mir persönlich sehr leid. Aber ich habe das Gefühl, als hätte diese Frau zum erstenmal ein wirkliches Leid erlitten, als habe sie nie früher den inneren Tod gekannt, das Sterben des Herzens ... Ich kann kaum sagen, wie sich mein ganzes Wesen jetzt gegen sie kehrt. An Stahr fühlte ich fast jede Regung meines eigenen Wesens mit, - mißbilligte unendlich vieles, - aber begriff die Dummheiten, die er machte, sah auch die notwendige Beschränktheit seiner Natur. Wie ich aber je Fanny habe lieben können -?, ich habe es auch wohl nie getan. Stahr, ja, ganz bestimmt, Fanny aber gebot mir, weil ich schwach war, - jetzt fühl' ich meine Unabhängigkeit ihr gegenüber und kann begreifen, daß wir nicht Freunde von innen aus sind. Dabei leugne ich ihre Bedeutung keinen Augenblick." (Ebd., S. 65f.)

Diese Zeilen Dohrns kennzeichnen natürlich auch seine geschlechtsspezifische Einstellung, die dem allgemeinen männlichen Selbstverständnis seiner Zeit zu entsprechen scheinen und bestimmte Erwartungen an das Gemütsleben von Frauen verdeutlichen, aber er übersah einfach seine eigene mangelnde menschliche Wärme.

Fanny Lewald hat im Laufe ihrer späten Jahre die Erfahrung gemacht, daß „ein gemeinsames Empfinden zwischen jung und alt sehr selten" ist, denn „die Form des Empfindens und Denkens wird mit der Zeit und durch die Zeit umgeprägt wie Münzen." (GG, S. 354)

Fanny Lewald um 1876, Fotografie

Ihre Phantasie, die ihr zwar half, sich auf das Alter einzustellen, gab ihr auch schaurige Vorstellungen über das Zerfallen der Körper zur Speise der Würmer und erzeugte bei ihr einen starken „Widerwillen gegen den Tod" (GG, S. 285) Ganz gegen ihre Natur war das erforderliche Abwarten, das Warten auf den Verfall (GG, S. 323), genau so wie das Entsagen ihr nicht im Blut lag, sie habe es „nie gekannt". (GG, S. 357) Das Alter empfand sie als „die eigentliche Verarmung, Man verarmt an Kraft, an Muth, an Selbstvertrauen, an Liebe - im Geben und Empfangen von Liebe." (GG, S. 341) „Wie einsam und wie überflüssig ich mich fühle, weiß ich nur allein. Sie lieben mich alle, wenn sie eben nichts Besseres vorhaben." (GG, S. 347) Und in ihrer Verlassenheit prägt sie ein ergreifendes Bild: „Die Alten sind den Jungen gegenüber wie eine Poststation, an der die Eisenbahn vorübersaust, sie bleibt liegen - und sehnt sich nach den Zeiten, in denen sie vielbeachteter Haltepunkt gewesen war." (GG, S. 327f.)

Sie zwang sich zur Arbeit, sorgte für den Druck der letzten Arbeiten Stahrs und besorgte Vorabdruck und Buchausgabe ihrer Romane „Helmar" (Berlin 1880) sowie „Stella". (Berlin 1883)

1880 veröffentlichte sie auch drei Erzählungen unter dem Titel „Zu Weihnachten". Regula Venske entnahm ihnen das Zitat: „Ich hätte ein Mann sein müssen oder eines großen Mannes Weib!" und setzte es provokativ über ihre Untersuchungen zum Emanzipationsverständnis der Fanny Lewald (Brehmer, S. 368), jedoch nicht ohne sich vorher von einer direkten Zuschreibung zu distanzieren: „Ob es sich jedoch bei der Ich-Erzählerin um eine literarisch-fiktive Gestalt oder um Fanny Lewald selbst handelt, ist im Hinblick auf die Interpretation der Erzählungen unerheblich." (Venske, 1981, Anhang S. 28)

Für Fanny Lewalds zweibändigen Roman „Familie Darner" (Vorabdruck 1887, Buchausgabe Berlin 1887/88) trifft wohl zu, was Ludwig Geiger persönlich an ihr wahrgenommen hatte, daß „die Schriftstellerin gerade in den letzten Jahren dem Leben entrückt gewesen wäre ... in dem, daß sie in ihrem schriftstellerischen Wirken sich eine Welt nach eigener Idee zimmerte, oder die Zustände der Vergangenheit, in denen sie aufgewachsen war, noch als fortdauernd sich dachte ... manchmal scheinen die Probleme, die sie sich von neuem stellt, längst abgethan." (Geiger, 1896, S. 329f.) Auf der anderen Seite zeigen ihre Briefe an den Großherzog von Sachen-Weimar, daß sie sehr wohl aufmerksam an den Tagesereignissen anteilnahm, wenn sie z. B. den Untergang des Panzerturmschiffs „Großer Kurfürst" im Kanal erwähnte, ihm die Attentate gegen den Kaiser vergegenwärtigte, die Auflösung des Reichstags bedauerte und das „Treiben der Socialdemokratie" als Gefahr bezeichnete. (Göhler, S.105f.)

Die Gespaltenheit ihres Lebens wird offenbar beim Vergleichen ihrer Briefe an Freunde mit ihren Tagebucheinträgen, die nach ihrem Ableben veröffentlicht wurden. Vor allem nach außen hin hatte sie sich entschieden, ihr Gesicht zu wahren: „Wenn man einen Messer dafür erfinden könnte, der es angäbe, wie traurig man sein kann, wenn man heiter mit anderen verkehrt, und wie unwohl man sein kann, wenn man sehr wohl aussieht, würden die Menschen oft besser daran sein." (GG, S. 334) „ich belüge sie mit allem, was ich thue. Ich thue nichts gern, nichts mit Lust, alles mit Überwindung und zum Schein!" (GG, S. 343)

74jährig mußte Fanny Lewald ihre Wohnung in der Matthäikirchstraße 21, die sie 1860 mit Stahr bezogen hatte, wegen des Neubaus eines Ständehauses verlassen. Sie zog in die Bendlerstraße 21 um, wo sie mit einer „alten Köchin und einer ebenso alten Kammerjungfer" allein bis zu ihrem Tod wohnte. (zit. n.: Rheinberg, S. 246f.) Vor dem Umzug hatte sie die größten Bedenken, aber am 3. Juni 1885 notierte sie: „Vier Monate sind hin - mein altes Heim verlassen! Ich dachte, ich überlebte es nicht! Und nun bin ich hier, mit Freude an den hellen, luftigen Räumen." (GG, S. 361) Ihr Asthmaleiden machte in den letzten Jahren Kuraufenthalte notwendig, die gewisse Beschaulichkeit im Ausharren auf den Tod ließ sie die Vergeblichkeit dieses Tuns erkennen, -„wie alle, Elende, Kranke sich in hoffnungslosen Zuständen in der weiten Welt herumschleppen" (GG, S. 362), und es forderte auch ein wenig ihren Spott heraus.

Sie hätte sich an Heine[51] erinnern müssen, aber über ihn fällt kein Wort. Stahr hatte zwar zweimal zusammen mit ihr den schon sehr lei-

---

51 Heinrich Heine (1797-1856), war gelegentlich spöttelnder Gast im Salon der Rahel Varnhagen-Levin. Die Verehrung Fanny Lewalds für Heine war einseitig. Ihre Schilderung in „Zwölf Bilder nach dem Leben", Berlin 1880, gibt einen Eindruck ihrer persönlichen Begegnung in Paris. Von Heine gibt es eine Erwähnung des Ehepaares Lewald-Stahr - in zwei Sätzen - in einem Brief an Heinrich Laube vom 12. Oktober 1850: „(Moritz Hartmann) ist ein sehr hübscher Mensch, und alle Frauenzimmer sind in ihn verliebt, mit Ausnahme der

denden Heinrich Heine in Paris besucht, aber ihn und einen großen Teil seiner Werke hat er im Grunde nicht gemocht.

Die große Ausweglosigkeit, der die Jüdin Fanny Lewald an der Schwelle des Todes begegnete, ließ sie in manchen Stunden zum Christentum aufschauen: „Der größte Dichter aller Zeiten ist Jesus von Nazareth, und das größte Lehrgedicht, das die Menschheit bisher besessen hat, ist das von ihm verfaßte Christentum ... Wohl denen, die die Dichtung in sich als Wahrheit empfinden." (GG, S. 362) Zum Schluß packte sie dann noch einmal der Groll über Laskers Phrase von der „Schönheit des Alters", und sie schrieb etwa zweieinhalb Jahre vor ihrem Tod: „Wenn sie es ahnten, wie der Lebensüberdruß in mir zunimmt mit der abnehmenden Kraft! Wenn sie meine stumpfe Verzweiflung über diesen unwürdigen Zustand kennten, in dem ich, mich selbst verachtend, es fühle, daß mich alle übersehen, alle wie ich das Ende für mich ersehnen, weil ich ja, trotz des Zwanges und der Selbstüberwindung, die ich mir anthue, in Allem, was ich thue, ihnen doch lästig werden muß." (GG, S. 368) Dabei empfindet sie durchaus zuweilen, „daß all die Liebe noch lebendig in mir ist, und ich frage mich immer nur: ist denn niemand da, der sie noch brauchen, dem sie noch etwas nützen kann? - ich thäte es ja so herzlich gern - und ich lebte auf, hätte ich einen Zweck für mein Dasein." (GG, S. 376)

In dieser Situation bedeutete es auch ein Aufleben für sie, wenn ihr irgendwo ein Lob zuteil wurde, was freilich nur noch selten vorkam. So wurde ihr beispielsweise über Dritte zugetragen, daß die in Berlin sehr angesehene 88jährige Salonnière Frau von Olfers von ihr gesagt habe: „Was ich an der Lewald am meisten bewundere, ist die Einfachheit, mit der sie durch ihr ruhmvolles Leben geht, in allem ihrem Thun und Behaben!" (GG, S. 373) Wahre Freude und, angesichts ihrer schweren Jahre, eine Genugtuung war es ihr, als sie während eines längeren Krankenlagers in ihrer Berliner Wohnung von ihrem fürstlichen Freund, dem Großherzog Carl Alexander, besucht wurde. Er schrieb ihr in den letzten Monaten vor ihrem Tode regelmäßig, ohne

---

Musen. Er ist hier im Gefolge von Adolf Stahr und Fanny Lewald, bei welcher er lohnlakaiert und sich ein literarisches Trinkgeld verdienen wird. Stahrs „Reise nach Italien" habe ich mit großem Vergnügen gelesen". (Heines Briefe in einem Band, hrsg. von den Nationalen Forschungs- und Gedenkstätten der Klassischen Deutschen Literatur in Weimar, Berlin und Weimar 1989).

Antworten abzuwarten, denn er ahnte, wie wichtig sein Beistand für die letzte Lebenszeit Fanny Lewalds sein würde.

In allen ihren Briefen, während der 40jährigen Korrespondenz, hatte sie liebende Begeisterung für ihn, den Enkel des Goethe-Intimus Carl August, empfunden. Ein einziger Passus aus dem letzten Brief der Achtundsiebzigjährigen an ihn vermag dies zu dokumentieren: „Ich sehe, und sah es als ein schönes Symbol meines ganzen Lebens und Strebens an, daß Sie! Königliche Hoheit! in meinen alten und leidenden Tagen bei mir saßen, als gehörte ich zu Ihnen! Ich habe nach Rang und Titel und Orden nie getrachtet - daß Sie mir sagten: Haben Sie denn ganz vergessen, wie lieb ich Sie habe? ... Meine Ärzte sagen mir, daß es zum Guten mit mir vorwärtsgehe. Ich selber merke davon noch nicht allzuviel, will es aber wünschen, wenn ich noch für eine ordentliche Spanne Zeit zu einem brauchbaren Menschen für mich und Andere werden kann." (Göhler, S. 179)

4.0. Die Öffentlichkeit im Leben der Fanny Lewald

Mit den Themen, die sie in ihren Jugendjahren am meisten bedrängt hatten, mit der Problematik der Konvenienzehe und der Judenfrage, bahnte sich die junge Schriftstellerin Fanny Lewald einen Weg in die Öffentlichkeit. In beiden Fällen von Diskriminierung wird einem Teil der Bevölkerung die soziale Integration verweigert. Der Platz in der bürgerlichen Gesellschaft wird im ersten Fall den jungen Frauen, im zweiten Fall den Juden streitig gemacht.

In der Konvenienzehe z. B. wird die Tochter lebenslänglich (denn eine Ehe gilt für das ganze Leben) an einen ihr unbekannten Mann vergeben. Die Frau büßt ihr Leben damit ein, weil sie ihre Subjektivität verliert und zum Objekt wird. In diesem Fall wird sie zu einem Gegenstand, der von dem patriarchalischen Vater zu seinem Vorteil und für den Ausbau seiner (wirtschaftlichen) Beziehungen an einen anderen Mann weitergegeben wird, der seinerseits über alles weitere, über Leib, Leben und Besitz verfügen wird, mit der Maßgabe, sie zu versorgen. Auch die Klärung der Judenfrage, das Verlangen der jüdischen Mitbürger, sich uneingeschränkt bürgerlich zu integrieren, ist legitim und gehört dennoch seit Jahrhunderten zu den immer wieder aufflammenden, ungelösten Problemen.

Die Öffentlichkeit der 1840er Jahre transportiert Themen dieser Art, denn den Bürgerinnen und Bürgern stehen für die kurze Zeit zwischen 1835 und 1848 mit den vielfältigen Presseorganen und in den verschiedenen Gesprächszirkeln völlig neue Artikulationsmöglichkeiten zur Verfügung, die ein großes Publikum erreichen und ungeahnte Resonanz, manchmal freilich auch ein politisches oder juristisches Nachspiel, haben. Fanny Lewald orientiert sich am öffentlichen Diskurs, gleichzeitig verarbeitet sie eigene Erfahrungen und berücksichtigt auch gelegentlich aktuelle Veränderungen offizieller Gesetzesvorlagen (wie später beim Scheidungsthema), die sie selbstverständlich handlungsbezogen in das Romangeschehen einfügt.

Es war nicht das Schreiben allein, das sie vom permanenten, subtilen Druck des „Vaterhauses" therapierte, sondern es war auch die Bestätigung in der männerdominierten Öffentlichkeit, die ihr wohltat und sie löste. Dabei war ihr die Veröffentlichung wahrscheinlich viel mehr wert, als das an sich schon befreiende Schreiben; denn durch Erziehung war ihr das unmittelbare Aufbegehren verwehrt und auch das klärende Gespräch mit dem Vater eine Unmöglichkeit. Ihrem gedruckten Wort aber und ihrer um den fraglichen Tatbestand kreisenden Inszenierung traute sie mehr Härte und Überzeugungskraft zu als sie sonst je an Kraft Auge in Auge mit ihrem Vater aufgebracht hätte, um sich und ihren Gedanken ihm gegenüber Ausdruck und Gewicht zu verleihen. So waren ihre ersten Romane zugleich ihre ausführlichen Antworten an den Vater. Und auf diese Weise, sozusagen als lebensnotwendiges Medium menschlicher Verständigung, war für sie Öffentlichkeit eher etwas Naheliegendes als etwas Fremdes, ihr Verschlossenes.

Ihre Fürsprecher waren August Lewald, ihr Berliner Vetter und maßgeblicher Redakteur, ihre geistvollen Breslauer Verwandten mit Heinrich Simon und nolens volens ihr Vater, nachdem seine kluge Tochter Fanny ihm die Zustimmung abgerungen und ihn ziemlich „umgekrempelt" hatte. Dagegen gab es nur wenige Frauen, die maßgeblich für sie waren: George Sand, die geniale französische Schriftstellerin, und die große englische Erzählerin George Eliot, zu der sie auch persönlichen Kontakt pflegte. Sozusagen außer Konkurrenz verehrte sie Bettina von Arnim.

Die liberale Öffentlichkeit, von vaterländischen Gefühlen getragen, aus kleinen Zirkeln von führenden Vertretern aus der jüdischen Glaubensgemeinschaft bestehend, wie sie sie schon früh in Königsberg und Breslau kennengelernt hatte, fand ihre ungeteilte Zustimmung.

Fanny Lewald war im aufstrebenden Bürgertum aufgewachsen, insofern war ihre anfängliche Opposition zur Monarchie und den Hierarchien des Adels vorgeprägt. Aber fast an der Schwelle zum Großbürgertum angelangt, war sie keineswegs bereit zur Identifikation mit proletarischen Interessen, allenfalls zeigte sie als Schriftstellerin Hilfsbereitschaft, um die unwürdigen Lebensbedingungen der unteren Schichten zu verbessern und vor allem die jungen Frauen nicht zu entmutigen. Ihre Schriftstellerei eröffnete ihr für politisches Handeln ein eigenes Feld, das sie von Anfang an als solches wahrnahm und unverwechselbar ausfüllte.

Ihre kommunikative Art, wie sie problemlos Kontakte herzustellen wußte, vielseitiges Interesse und Engagement zu zeigen verstand, Beziehungen zu nutzen und zu vermitteln imstande war, das hatte für sie als professionelle Schriftstellerin große Vorteile. Und es bedeutete für sie einfach, dieses Talent auszubauen, als sie in Berlin ihren eigenen Salon eröffnete, in dem sie offen und geheim Regie führen würde.

Da sie zunächst völlig unabhängig war, konnte sie sich auf die Mechanismen des literarisch-feuilletonistischen Marktes einstellen. Sie arbeitete fleißig und gewissenhaft, reagierte schnell und beherzt auf gesellschaftliche Ereignisse, zu denen sie direkten Zugang hatte. Auch scheute sie sich nicht, im Kreise erlauchter Freunde und Freundinnen oder gerade durch diese, einiges Aufsehen zu erregen. Das, was heute „publicity" heißt, war ihr damals durchaus vertraut und genehm.

Die politische Entwicklung hielt noch bis 1848 alle möglichen Freiheiten für die bürgerliche Welt bereit. Als gewitterartiger Umsturz und Befreiung aller Unterdrückten war die Französische Revolution vorausgeeilt. Wie sollte es nun in Deutschland werden? Die Frauen mußten fähig gemacht werden, öffentliche Interessen zu vertreten, für politische Ideen sich einzusetzen. Aber man hatte die bürgerlichen Frauen einfach zu wenig unterrichtet. Männer müßten mit ihrer z. T. gründlichen Bildung, mit ihrem sicheren Auftreten den gesellschaftlichen Ansprüchen der Frauen Gehör verschaffen. Etwa solche Gedanken müßten Fanny Lewald bewegt haben, als sie in Italien auf den Gelehrten Adolf Stahr traf. Hinzu kam, daß sie 34 Jahre alt war und bisher durchaus leidenschaftlicher Gefühle fähig, besonders angesichts eines geistvollen, gutaussehenden Mannes mittleren Alters. Das Problem, das sich allerdings bei einer in der literarischen Öffentlichkeit etablierten Frau im Falle ihrer Eheschließung stellte, war damals und ist noch heute für eine bis dahin unabhängige Frau in der öffentlichen „Szene" existenzbedrohend. Die Veränderungen, die durch eine eheliche Gemeinschaft unweigerlich auftreten, sind imstande, ihre bisherigen selbständigen Aktionen und beruflichen Anstrengungen zu unterbinden.

4.1. Öffentlichkeit und Leben als Schriftstellerin

Als der 29jährigen Fanny Lewald bewußt wurde, daß sie ausreichend Schreibtalent besaß (Schreibtalent ganz allgemein hatten ihr die Breslauer Verwandten schon vor Jahren zuerkannt) und nun von ihrem Vetter August Lewald, Redakteur der Zeitschrift „Europa" aufgefordert wurde, über die Huldigungsfeierlichkeiten anläßlich der Krönung Friedrich Wilhelm IV. in Königsberg zu schreiben, stand ihr Entschluß fest. Die Öffentlichkeit über die Presse bildete für sie eine Möglichkeit, ihre eigenen Probleme, vor allem ihre Erfahrungen im patriarchalischen Elternhaus schreibend zu bewältigen. Auf diese Weise konnte sie sich gleichzeitig den Eltern, insbesondere ihrem Vater, mitteilen. Er mußte zuhören und lesen, wie sie ihre Welt sieht, konnte die Dinge, wenn sie erst einmal gedruckt sind, nicht von der Hand weisen.

Im Grunde gehört dieses Vorgehen Fanny Lewalds in den Bereich sublimer Aggressivität, die Peter Gay dem 19. Jahrhundert in unterschiedlichsten Variationen anlastet: „Was das Objekt der Aggression vielleicht als ungerechtfertigten Schlag empfindet, das begründet der Angreifer womöglich in aller Aufrichtigkeit als etwas, das unverzichtbar fürs Überleben ist." (Gay, S. 13) In ihrer Lebensgeschichte deutet sich solches Vorhaben an, als sie ihren Vater um die Erlaubnis zur professionellen Schriftstellerei bittet: „Ich kann keine Rücksicht nehmen auf dasjenige, was Du von mir zu hören wünschest oder was Du die Kinder ... hören lassen willst." (ML, II, S. 286)

August Lewald, ohne Zweifel eine publizistische Autorität von Format, hatte sie in ihrem Schreibtalent bestätigt, und sie war sich sicher, daß er sie fördern würde und könnte. Ihr Anliegen war ganz elementar, es ging ihr hier um ihre persönliche Freiheit, und so spontan ging sie darauf ein, daß ihr kaum Zweifel an ihrem öffentlichen Durchsetzungsvermögen als Frau kamen, zumal sie anonym schrieb. Sie war erfüllt von dem Gefühl, sich, vor allem ihren Eltern gegenüber, beweisen zu müssen und sich von ihnen allen unabhängig zu machen.

Völlig andere Ursachen unterlegt Margarita Pazi Fanny Lewalds Freiheitsstreben: „Die seelische Leere und wahrscheinlich auch ein leises Schuldgefühl, die der sinnentleerte Religionswechsel nach sich zog, bildeten die Grundlage ihres Dranges nach geistiger Freiheit, aus der sich ihr politisches Bewußtsein entwickelte." (Pazi, S. 45)

Wie es möglich ist, in traditioneller monarchistischer Hierarchie zu leben und dabei den neuen demokratischen Strukturen zum Durchbruch zu helfen, lernt sie in den oppositionellen liberalen Kreisen Königsbergs kennen, von denen sie durch ihre Brüder, ihren ehemaligen Mitschüler Eduard Simson und ihren Hausarzt Dr. Jacoby erfährt. Fanny Lewald begreift nicht zuletzt durch sie, daß es erforderlich ist, in Anbetracht neuer sozialer Verhältnisse, die alten Herrschaftssysteme überflüssig zu machen und sie unter Umständen zu bekämpfen, weil sie durch ihre Zählebigkeit das Neue verhindern.

Als Schriftstellerin greift sie Themen auf, die in der öffentlichen Diskussion sind und über die sie eigene Erfahrungen gemacht hat, z. B. die Judenemanzipation und die Emanzipation der Frauen, sie setzt sich für die Abschaffung der Konvenienzehen ein und für die gesetzlichen Voraussetzungen für die Ehescheidung. Emanzipation ist ihr Hauptthema. Dabei vertraut sie ganz der Effektivität ihres Mediums, denn sie weiß, daß eine Schriftstellerin oder ein Schriftsteller „geistige Emanzipation weit schneller und widerstandsfreier (vollzieht) als der Bürger, der sich mit materiellen Gütern als freier Unternehmer betätigen möchte und damit den politischen wie den ökonomischen Zwängen seiner Zeit voll ausgeliefert bleibt." (H. Bausinger, In: Kocka, S. 209) Eine Existenz als Schriftstellerin oder als Schriftsteller im neuen Verständnis bedeutet zwar, einem „berufsfreien Stand mit Stellvertreterfunktion für alle menschlichen Bereiche" anzugehören, aber unter „Herauslösung aus den zeitgenössischen sozialen Ordnungen und Sicherheiten." (Ebd., S. 211) Letzteres könnte einer der Gründe für ihre Ehe mit Stahr gewesen sein.

Für die belletristische Bearbeitung ihrer gesellschaftlichen Themen benötigt Fanny Lewald das Gespräch, daher erscheint ihr die Einrichtung eines Salon für sie als Schriftstellerin als Notwendigkeit. Gleichzeitig wirkt auch das Vorbild Rahel Varnhagens in ihren Lebensentwürfen mit, seitdem sie von deren legendärem Berliner Salon gehört und ihre Briefe gelesen hat: „Alles konnte ich ihr nachempfinden ... und überall fast hätte ich sagen mögen: das ist Fleisch von meinem Fleische, das ist Blut von meinem Blute." (ML, II, S. 156f.)

Die Salons sind seit ihrem Bestehen auch immer ein Platz für Juden gewesen, die vor 1812, dem Jahr ihrer staatsbürgerlichen Emanzipation - bis auf wenige Ausnahmen -, weder in höfischen noch in adligen oder bürgerlichen Zirkeln geduldet sind. Fanny Lewald macht ihren Salon zum Forum liberaler politischer Gespräche sowie gleichzeitig zum Sammelbecken von Ideen für ihre Romane. Inzwischen ist sie sich dessen bewußt, daß die öffentliche Meinung die Ernsthaftigkeit der schriftstellerischen Arbeit von Frauen anzweifelt: „Daß man die Angelegenheit nicht weiter verfolgen wolle, weil die Novelle von einer Frau geschrieben sei". (ML, III, S. 48)

Im Salonleben ist der Status der Salonnière etabliert und unangefochten, er gibt der „Weiblichkeit" vollen Raum. Fanny Lewald hat damit die Möglichkeit, der männlich dominierten Schriftstelleröffentlichkeit in den weiblich dominierten Salon auszuweichen. Ihre „Weiblichkeit" durch Männerkleidung zu verbergen, wäre ihr nie eingefallen, wie es z. B. George Sand tat, auch nicht ein männliches Pseudonym hatte sie sich in ihren Anfängen zugelegt wie viele andere Schriftstellerinnen.

4.2. Politische Aktivitäten und öffentliche Resonanz

Bei aller Parteilichkeit für die Frauen wäre sie nie auf die Straße gegangen und hätte sich in politischen Frauengruppen engagiert. Sie war in der Hinsicht eine Individualistin, eine Einzelkämpferin, die gelegentlich ihre Romanentwürfe beiseite legte und öffentlich zu Mißständen Stellung bezog, sei es durch Pamphlete oder Appelle. Ihre Bitte um Öffnung der Museen an Sonn- und Feiertagen bringt ihr „eine Dankadresse mit 555 Unterschriften von Berliner Buchdruckern und Schriftsetzern" ein. (Schneider, S. 102) Ihr pazifistischer Aufruf gegen die Unvernunft der Kriegführung (Zehn Artikel wider den Krieg, 1867) wird auf dem in Genf stattfindenden Friedenskongreß verlesen. Sie - als Frau - ist zwar nicht anwesend, aber „ihr von häufigem Beifall unterbrochener Beitrag gilt als einer der bedeutendsten des gesamten Kongresses". (Ebd., S. 98)

Aufgrund ihrer Sozialisation war es ihr wichtig, einen gesicherten Platz innerhalb des Bürgertums innezuhaben. Experimente lagen ihr nicht, weder in Richtung Bohème noch in Richtung Proletariat, obwohl es genügend „Überläuferinnen" in der Frauenbewegung gab, z. B. Lily Braun, die als adlige Generalstochter der sozialdemokratischen Partei angehörte und mit Clara Zetkin für die sozialistische Zeitung „Die Gleichheit" arbeitete.

Minna Cauer als Zeitgenossin, die die Frauenbewegung am Ende des 19. Jahrhunderts resümiert, widmet dem Wirken Fanny Lewalds mehrere Seiten. Sie sieht sie in der Nachfolge von Rahel Varnhagen und Henriette Herz als mutige, begabte Jüdin mit „Zähigkeit in der Erlangung des Zieles, rastloser Arbeitskraft, scharfem Verstand und starker Beobachtungsgabe", sie „will die Emanzipation auf rein bürgerlich-nüchterner Grundlage; alles Geniale ist ihr dabei unangenehm. Die Emanzipation zur freien Bethätigung der Kräfte ... Sie liebte nicht, öffentlich aufzutreten, ebenso war sie gegen das Vereinsleben der Frauen. Sie sah darin eine Wurzel der Uneinigkeit und meinte, daß erst dann eine ersprießliche Thätigkeit der Frauen für die Allgemeinheit erwachsen würde, wenn sie gleiche Schulung mit dem Mann genossen hätten. Sie übersah dabei, daß eine gut geleitete Organisation der Vereine ein bedeutendes Erziehungsmittel für die Frauen sein würde." (Cauer, S. 95f.) Cauer erwähnt, daß Spottlustige ihr nachsagten, „ihre

Uhr sei seit 1850 stehengeblieben", aber sie habe „das große Verdienst, die Frauen mit ernsten Worten an ihre Menschenwürde, an ihre Erziehungsaufgaben in Haus und Familie gemahnt zu haben ... ein idealer Schwung zur Hebung der Frau im Hinblick auf ihre soziale Stellung ist bei ihr nicht zu finden, wenngleich sie von einer Hebung der Frau durch die Bildung spricht und die Erweiterung der Erwerbsmöglichkeiten der Frauen als notwendig anerkennt." (Ebd., S. 98f.) Ihre Korrespondenz war sehr umfangreich, besonders auch durch die Briefe, die sie auf ihre Veröffentlichungen erhielt. „Allein an die 100 Briefe gingen ihr zwischen 1861 und 1870 zu." (zit. n.: Fassmann, Hildesheim, S. 85)

4.3. Ihr Bild in der Öffentlichkeit zu Lebzeiten und nach dem Tod

Der Versuchung, mit ratsuchenden Frauen, die evtl. selbst Talent zum Schreiben mitbringen, in hilfreichen Kontakt zu treten, konnte Fanny leicht widerstehen. Die Rolle eines Arztes, der ständig, zum Teil auch von Unberufenen, konsultiert wird, wollte sie keinesfalls übernehmen. Obgleich es auffällig ist, daß sie Männern, ausschließlich ihnen, literarische Protektion zukommen ließ, z. B. dem Schriftsteller Max Waldau, dem Dramatiker Robert Griepenkerl und Theodor Fontane. (Ebd., S. 86)

Der junge Fontane hielt Fanny Lewald 1849 für zu modern, nannte sie in einem Brief an Lepel einen „Blaustrumpf". (Krüger, S. 621) In einem biographischen Artikel, der Fontane 1862 zugeschrieben wird, heißt es über Fanny Lewald: „Vieles in dem Roman (betrifft ‚Wandlungen'), namentlich verschiedene Raisonnements der Verfasserin, sowie die Zeichnung mannigfacher Stimmungen und ‚Wandlungen' des Herzenslebens sind darin vorzüglich gelungen und gefallen durch Neuheit, Kraft und Anmut. Im ganzen aber erschien diese Tendenzpoesie, die vor dem März mehr à propos gekommen wäre als nach dem März, doch schon etwas außer der Zeit, es war daher nur Verständnis des herrschenden Geschmacks, wenn Fanny Lewald in den letzten Jahren kleinere Schilderungen aus den niederen Lebenskreisen unter dem Titel ‚Deutsches Leben' begann. ‚Es ist', wie Robert Prutz richtig geurtheilt hat, ‚als ob an dieser liebevollen Betrachtung der Wirklichkeit, diesem echt weiblichen Eingehen auf das Kleine und Unscheinbare ihr eigenes' - und wir setzen dazu: mit der Zeit, wie es schien, etwas erkältetes - ‚Herz sich wieder erwärmt hätte, während zugleich ihre Phantasie - der sie, vor allem für ihren Verstand und Geist sorgend, auf die Länge doch gar zu wenig Nahrung zuführte - eine Fülle dankbarer und fesselnder Stoffe gewann." (Ebd., S. 624)

Gottfried Keller konnte ihre Art, sich aufzuspielen, nicht gut leiden und schrieb an Hermann Hettner, sie wolle sich „mit Gewalt zur Alleinherrscherin beider Geschlechter diesseits und jenseits des Rheins erheben und womöglich die einzige Romanschreiberin ihrer Zeit sein." (zit. n.: Fassmann, S. 89) Natürlich darf man die Konkurrenzsituation unter den Literaten nicht außer Acht lassen.

John Stuart Mill[52] war begeistert von ihrer Streitschrift „Für und wider die Frauen" (1870), die sich für die Frauen des „Mittelstandes" aussprach. Er schrieb an Lewald: „Ihr Buch ist ebenso überzeugend wie beredt und ist einzigartig frei von den beiden entgegengesetzten Mängeln, die Plädoyers für die Sache der Frauen so häufig aufweisen, nämlich entweder an unbesonnener Brachialität oder an verzagter Konzessionsbereitschaft zu kranken." (zit. n.: Gay, S. 741)

Gerhard Wolf urteilt aus heutiger Sicht: „Manche halten ihr historisches Genrebild ‚Die Familie Darner' für ihr prosaisches Meisterstück. In ihm kehrt sie in die mittelalterliche Stadt zurück, aus der sie aufgebrochen war: nach Königsberg. Dort sind ihr Gassen, Straßen, Plätze und Menschen vertraut; sie hat sie beschreiben können. Ein episches Werk, das sich über ihre Zeit hinaus erhebt, ist ihr nicht gelungen. War es ihr nicht gegeben? Was kam ihr entgegen, was hat sie daran gehindert? Die wirkliche Geschichte ihres Lebens ist noch nicht geschrieben. Sie überträfe alle ihre Romane." (Wolf, S. 335)

In seinen Untersuchungen über das bürgerliche Zeitalter schreibt Peter Gay über die Schriftstellerin: „Auch wenn ihre inneren Stürme abebbten, drückte sich Fanny Lewald ihr ganzes Lebens lang nie um kitzlige Themen; ihre späteren Romane beschäftigen sich teilnahmsvoll mit Frauen, die nach beruflicher Unabhängigkeit in der Literatur, in der Musik und auf dem Theater streben. Die deutsche Frauenbewegung hatte in ihr ein Artikulationsmedium gefunden." (Gay, S. 426)

Regula Venske, die sich unter verschiedenen Fragestellungen mit der Schriftstellerin Fanny Lewald bereits seit Anfang der 80er Jahre befaßte, kam schließlich jedesmal auf die vielfältigen Widersprüche im Leben und Werk der Autorin zürück: „Die Darlegung der Widersprüche von und um Fanny Lewald ließe sich ad libitum fortführen: Widersprüche autobiographischer oder literarischer, historischer oder ideologischer Art, und nicht zuletzt ... Widersprüche in der Rezeptionsgeschichte. Versuche, diese Widersprüche zu glätten, das zugrundeliegende Leben auf den einen oder anderen Aspekt zu reduzieren und die

---

52 John Stuart Mill (1806-1873), englischer Philosoph und Volkswirtschaftler, trat für die Rechte der Arbeiter und der Frauen ein (Principles of Political Economy, 1848). Grundlage der Philosophie war für ihn die Psychologie, er war Hauptvertreter des Positivismus. Absolute sittliche Werte lehnte er ab.

ganze dahinterstehende Person eindeutig festzulegen, sie in das Prokustesbett eigener Emanzipationsvorstellungen zwängen zu wollen, können nur zu Täuschungen führen, die früher oder später enttäuscht werden müssen. Sie sind letztlich nichts anderes als Leichenfledderei. Demgegenüber können gerade die Widersprüche ... als Indikatoren für die lebendige Wirkung, die eine Frau wie Fanny Lewald nach wie vor hervorzurufen vermag, genommen werden." (R. Venske, In: ML, III)

Gabriele Schneider, die sich in umfangreichen Untersuchen mit dem literarischen Werk Fanny Lewalds beschäftigt hat, schreibt: „Lewalds weibliche Charaktere aus dem Volk erinnern in ihrer plastischen Gestaltung an Figuren aus den bürgerlichen Dramen Friedrich Hebbels, eines Zeitgenossen Lewalds, der im Gegensatz zu ihr mit Werken wie ‚Maria Magdalena' im literarischen Kanon fest etabliert ist. - Diese Benachteiligung erscheint ungerechtfertigt; Lewald ist eine Meisterin ihres Fachs, des psychologischen Romans. Mit hohem Einfühlungsvermögen versetzt sie sich in die Psyche ihrer Protagonisten und empfindet deren Außenseiterrolle nach, denn auch sie ist eine Außenseiterin der bürgerlichen Gesellschaft des 19. Jahrhunderts, eine doppelte sogar: als Frau und Jüdin zugleich." (Schneider, S. 9)

Brigitta van Rheinberg, amerikanische Wissenschaftlerin, gab ihren Untersuchungen den Titel: "Fanny Lewald. Geschichte einer Emanzipation." Sie resümiert im letzten Abschnitt: „Auch wenn ihr Leben keineswegs so zielgerichtet und ‚geplant' verlief, wie sie dies in der ‚Lebensgeschichte' im nachhinein oft glauben machen wollte, so ist eines doch unverkennbar: Fanny Lewald ergriff die Chancen, die sich ihr boten, mit wachem Verstand und entwickelte sie fruchtbringend weiter. Auch was ihre Ehe mit Adolf Stahr betraf, ist wohl kaum zu leugnen, daß sie diejenige war, die sich ihr eigenes ‚Glück' schmiedete und mit einer seltenen Beharrlichkeit ihr ‚Ziel' verfolgte. Es kann daher nicht verwundern, daß sie auf das Erreichte stolz war, ihren Ruhm als Schriftstellerin genoß und sie das Gefühl des ‚Geleistethabens' auch nach außen hin kundtat." (Rheinberg, S. 250)

5.0. Die veränderte Situation im 20. Jahrhundert

Die Zweiteilung in Öffentlichkeit und Privatheit mit streng geschlechtlicher Zuweisung ist von den Frauen längst als Ideologie entlarvt. Die Realität zweier Kriege hat das Übrige getan, die traditionellen Rollen von Mann und Frau durcheinanderzuwirbeln.

In den letzten 50 Jahren haben sich indessen vielfältige Formen des Zusammenlebens in Partnerschaften etabliert, als Mann und Frau oder gleichgeschlechtlich, zu zweit oder in größeren Wohngemeinschaften. Die durch den Staat (und die Kirche) legitimierte Ehe hat mehr eine zweitrangige Funktion erhalten. Auch die Rollenverteilung als Mutter und Vater ist, besonders bei jungen Leuten, sehr offen, und die elterlichen Aufgaben werden abwechselnd wahrgenommen. Auf diese Weise kann sich wieder menschliche Nähe entwickeln, die allen Beteiligten gut tut.

Frauen erhielten seit 1900 ihre Zulassung für eine akademische Laufbahn an deutschen Universitäten und ab 1918 in Deutschland das allgemeine Wahlrecht. Das Erreichen führender Positionen und das Erobern der Öffentlichkeit ist dennoch für Frauen bisher wesentlich schwieriger als für Männer, solange sie fast ausschließlich von Männern kontrolliert wird. Obwohl heute (Angaben von 1992) 40 % der Studienanfänger von Frauen gestellt werden, sind nur 16 % des Lehrpersonals an den Universitäten Frauen und vorwiegend im „Mittelbau" tätig. Unter den Professoren findet man nur 5 % Frauen, unter den Lehrstuhlinhabern lediglich 2,3 %. In der Politik sind Frauen ebenfalls noch unterrepräsentiert, sowohl im Deutschen Bundestag (16 %) als auch in den Landesparlamenten (10-29 %) in Führungspositionen der Parteien und Gewerkschaften. In der Wirtschaft nehmen Frauen zwischen 6 % und 8 % der leitenden Positionen ein, in den Vorstands- und Aufsichtsräten der Aktiengesellschaften sitzen weniger als 1 %. (nach Ursula Lehr, In: Der Knaur, Band 5, 2. Aufl. 1992, S. 1658f.) Man verspricht sich Abhilfe durch eine sehr pragmatische Quotenregelung, gegen die teilweise schon wieder seitens der Männer gerichtlich geklagt wird. Daran kann man die Schärfe der Auseinandersetzung zwischen den Geschlechtern ermessen.

Ähnlich wie zu Zeiten Fanny Lewalds gibt es gute Möglichkeiten für die sogenannte „Vatertochter". Die durch einen leiblichen oder einen „Ziehvater" protektionierte Frau ist in der (Männer-) Öffentlichkeit relativ sicher aufgehoben, aber nicht ohne Abhängigkeiten. Welchen Widersprüchen sich diese oft aussetzen muß, zeigten die Untersuchungen bei Fanny Lewald.

Auch die freie Existenzgründung ist den Frauen heute durchaus erlaubt und auch erwünscht, aber mit großen Risiken verbunden. Einrichtungen der Erwachsenenbildung stellen Kurse aller Art zur Verfügung, um die Frauen schließlich optimistisch und vielfach vielleicht auch zu „blauäugig" in die einsame und konkurrenzbedrohte Männeröffentlichkeit zu überführen.

Daneben hat sich eine Privatheit herausgebildet, die vor zwei bis drei Jahrzehnten den Slogan prägte: „Das Private ist politisch." Betrachtet man die inzwischen überall entstandenen Initiativen und Aktionen, die z. T. große Kreise zogen, so läßt sich auf dieser Ebene viel persönlicher Kontakt und ehrliches politisches Engagement erkennen. Das ist besonders auffällig und hebt sich positiv ab, weil sich auf der anderen Seite gegenüber dem öffentlichen Forum der Politik Argwohn und Mißtrauen angesammelt haben.

Vorstellbar wäre, daß dieser Weg über die „politische Privatheit" den Frauen mehr Gelegenheit zur aktiven Teilnahme böte, und daß sie dadurch in einer ihnen gemäßeren Form zu gesellschaftlicher und politischer Entfaltung vordringen könnten, ohne sich - wie Fanny Lewald - in quälenden Widersprüchen zu verfangen, die die kreativen Prozesse nur behindern.

Sigleverzeichnis der häufig zitierten Primärliteratur

ML I-III = Meine Lebensgeschichte 1-3
RT = Römisches Tegebuch
GG = Gefühltes und Gedachtes

Literaturverzeichnis

Primärliteratur

1.1. Reiseberichte und Memoiren

Italienisches Bilderbuch. Frankfurt a. M. 1992
Römisches Tagebuch 1845/46, hrsg. v. Heinrich Spiero. Leipzig 1927
Erinnerungen aus dem Jahre 1848, 2 Bände. Berlin 1969
Meine Lebensgeschichte. Berlin 1861/62
Meine Lebensgeschichte, hrsg. v. Gisela Brinker-Gabler. Frankfurt a. M. 1980
Meine Lebensgeschichte, Band 1-3, hrsg. v. Ulrike Helmer. Frankfurt a. M. 1988/89
Gefühltes und Gedachtes (1838-1888), hrsg. v. Ludwig Geiger. Dresden und Leipzig 1900
Zwölf Bilder aus dem Leben. Berlin 1880

1.2. Briefe und Feuilletons

Über das Alter, Ein Brief an Dr. Eduard Lasker, In: Deutsche Raundschau, Jg. 1975, Band 4, Juliheft, S. 49-64
Für und wider die Frauen. Politische Schriften. Frankfurt a. M. 1989
Göhler, Rudolf (Hrsg.): Großherzog Carl Alexander und Fanny Lewald-Stahr in ihren Briefen 1848-1889, 2 Bände. Berlin 1932
Krüger, Joachim (Hrsg.): Fanny Lewalds Bekenntnis zur „Weltanschauung der Realität", In: Fontane Blätter (1979), Band 4, Heft 4, S. 392-398
Teitge, Hans-Erich (Hrsg.): Unbekannte Briefe von Fanny Lewald und Adolf Stahr an Johann Jacoby. Aus dem Nachlaß Lewald-Stahr, In: Studien zum Buch- und Bibliothekswesen, Band 4. Leipzig 1986, S.78-101

1.3. Romane

Clementine. Berlin 1872
Jenny, hrsg. v. Ulrike Helmer. Frankfurt a. M. 1988
Eine Lebensfrage. Berlin 1872
Prinz Louis Ferdinand. Ein Zeitbild, 3 Bände. Berlin 1929
Wandlungen, 4 Bände. Berlin 1864
Von Geschlecht zu Geschlecht, 5 Bände. Berlin 1871

1.4. Novellen und Erzählungen
Der dritte Stand. Berlin 1862
Neue Novellen. Berlin 1877

Sekundärliteratur

Allgemeine Deutsche Biographie, 35. Band. Leipzig 1893
Anderson, Bonnie S., Judith P. Zinsser: Eine eigene Geschichte, Frauen in Europa. Vom Absolutismus zur Gegenwart. Frankfurt a. M. 1995
Ariés, Philippe: Geschichte der Kindheit, 9 Aufl. München 1990
Beauvoir, Simone de: Das andere Geschlecht, Sitte und Sexus der Frau. Hamburg 1994 (Neuübersetzung)
Becker-Cantarino, Barbara: Der lange Weg zur Mündigkeit, Frau und Literatur (1500-1800). Stuttgart 1987
Beckmann, Gabriele, Monika Lehner, Regina Schiwy (Hrsg.): Weiber-Geschichten, Frauenalltag in Oldenburg, 1800 -1918, Ausstellung und Katalog. Oldenburg 1988
Benhabib, Seyla: Selbst im Kontext, Gender Studies, 3. Aufl. Frankfurt a. M. 1997
Berger, Renate: Malerinnen auf dem Weg ins 20. Jahrhundert, Kunstgeschichte als Sozialgeschichte, 2. Aufl. Köln 1986
Bernhard, Marianne: Das Biedermeier, Kultur zwischen Wiener Kongreß und Märzrevolution. Düsseldorf 1983
Biedrzynski, Effi (Hrsg.): Goethes Weimar. Ein Lexikon der Personen und Schauplätze. Frankfurt a. M. 1993
Bohlmann-Modersohn, Marina, Paula Modersohn-Becker: Eine Biographie in Briefen. Berlin 1995
Borkowski, Dieter: Rebellin gegen Preußen, Das Leben der Lily Braun. Frankfurt a. M. 1984
Bovenschen, Silva: Die imaginierte Weiblichkeit. Exemplarische Untersuchungen zu kulturgeschichtlichen und literarischen Präsentationsformen des Weiblichen, 11. Aufl. Frankfurt a. M. 1995
Brehmer, Ilse, Juliane Jacobi-Dittrich, Elke Kleinau, Annette Kuhn (Hrsg.): Frauen in der Geschichte IV, „Wissen heißt leben": Beiträge zur Bildungsgeschichte von Frauen im 18. und 19. Jahrhundert. Düsseldorf 1983
Brinker-Gabler, Gisela (Hrsg.): Deutsche Literatur von Frauen, 19. und 20. Jahrhundert, 2. Band. München 1988
Brinker-Gabler, Gisela, Karola Ludwig, Angela Wöffen: Lexikon deutschsprachiger Schriftstellerinnen 1800 - 1945. München 1986
Brinker-Gabler, Gisela (Hrsg.): Zur Psychologie der Frau, Frankfurt a. M. 1978
Brückner, Margrit, Birgit Meyer (Hrsg.): Die sichtbare Frau - Die Aneignung der gesellschaftlichen Räume. Freiburg 1994
Bruyn, Günter de, Gerhard Wolf (Hrsg.): Fanny Lewald, Freiheit des Herzens. Frankfurt a. M. / Berlin 1992
Cauer, Minna: Die Frau im 19. Jahrhundert. Berlin 1898

Corbin, Alain, Arlette Farge, Michelle Perrot (Hrsg.) u. a.: Geschlecht und Geschichte, Ist eine weibliche Geschichtsschreibung möglich? Frankfurt a. M. 1989

Drewitz, Ingeborg: Berliner Salons, Gesellschaft und Literatur zwischen Aufklärung und Industriezeitalter, 3. Aufl. Berlin 1984

Duby, Georges, Michelle Perrot: Geschichte der Frauen, 19. Jahrhundert, hrsg. v. G. Fraisse, M. Perrot. Frankfurt a. M. 1994

Duden, Barbara: Das schöne Eigentum. Zur Heranbildung des bürgerlichen Frauenbildes an der Wende vom 18. zum 19. Jahrhundert, In: Kursbuch 47, März 1977

Elias, Norbert: Über den Prozeß der Zivilisation, Band 2: Wandlungen der Gesellschaft; Entwurf zu einer Theorie der Zivilisation. Frankfurt a. M. 1990

Fassmann, Irmgard Maya: Jüdinnen in der deutschen Frauenbewegung 1865-1919. Hildesheim / Zürich / New York 1996

Faulstich-Wieland, Hannelore (Hrsg.): Weibliche Identität, Dokumentation der Fachtagung der AG Frauenforschung in der Deutschen Gesellschaft für Erziehungswissenschaft. Bielefeld 1989

Fischer, Ernst (Hrsg.): Der Buchmarkt der Goethezeit - Eine Dokumentation, Band II. Hildesheim 1986

Frevert, Ute (Hrsg.): Bürgerinnen und Bürger. Göttingen 1988

Frevert, Ute: Frauen-Geschichte. Zwischen Bürgerlicher Verbesserung und Neuer Weiblichkeit, 8. Aufl. Frankfurt a. M. 1994

Geiger, Ludwig (Hrsg.): Dichter und Frauen. Berlin 1896

Geiger, Ludwig: Aus Adolf Stahrs Nachlaß. Oldenburg 1903

Gerhard, Ute: Über die Anfänge der deutschen Frauenbewegung. Bremen 1980

Goodman, Katherine R.: German women and autobiography in the 19th century: Louise Aston, Fanny Lewald, Malwida v. Meysenburg and Marie v. Ebner-Eschenbach. Wisconsin - Madison 1977

Grab, Walter, Julius H. Schoeps (Hrsg.): Juden im Vormärz und in der Revolution von 1848. Bonn 1983

Habermas, Jürgen: Strukturwandel der Öffentlichkeit. Berlin 1962

Haug, Frigga, Kornelia Hauser (Hrsg.): Küche und Staat, Politik der Frauen. Hamburg 1988

Hausen, Karin (Hrsg.): Frauen suchen ihre Geschichte. München 1987

Hauser, Arnold: Sozialgeschichte der Kunst und Literatur. Dresden 1987

Hermand, Jost, Manfred Windfuhr (Hrsg.): Zur Literatur der Restaurationsepoche 1815-1848. Stuttgart 1970

Hertz, Deborah: Die jüdischen Salons im alten Berlin. Frankfurt a. M. 1991

Hervé, Florence (Hrsg.): Geschichte der Frauenbewegung, 4. Aufl. Köln 1988

Heuss, Theodor: Anton Dohrn. Stuttgart / Tübingen 1948

Heyden-Rynsch, Verena von der: Europäische Salons, Höhepunkte einer versunkenen Kultur. München 1992

Hoffmann, Gabriele: Frauen machen Geschichte.Von Kaiserin Theophano bis Rosa Luxemburg. Bergisch Gladbach 1995

Institut für Sozialforschung Frankfurt (Hrsg.): Gender Studies, Geschlechterverhältnisse und Politik. Frankfurt a. M. 1994

Jansen, Günther (Hrsg.): Großherzog Carl Alexander von Sachsen in seinen Briefen an Frau Fanny Lewald-Stahr (1848-1889). Berlin 1904

Jansen, Günther: Nordwestdeutsche Studien, Gesammelte Aufsätze. Berlin 1904
Kämmerer, Gerlinde, Anett Pilz (Hrsg.): Leipziger Frauengeschichten. Ein historischer Rundgang. Leipzig 1995
Knapp, Gudrun-Axeli: Die vergessene Differenz, In: Feministische Studien, 6. Jg., November 1988, Nr.1
Kocka, Jürgen (Hrsg.): Bürger und Bürgerlichkeit im 19. Jahrhundert. Göttingen 1987
Kohnen, Joseph (Hrsg.): Königsberger um Kant. Berlin 1993
Kolatschek (Hrsg.): Deutsche Monatsschrift für Politik, Wissenschaft, Kunst und Leben, 2. Quartal. Stuttgart 1850
Kraul, Margarete: Frauenautobiographien und Identität, In: Hannelore Faulstich-Wieland (Hrsg.): Weibliche Identität, Dokumentation der Fachtagung der AG Frauenforschung in der Deutschen Gesellschaft für Erziehungswissenschaft. Bielefeld 1989
Krull, Edith: Kunst von Frauen, Das Berufsbild der Bildenden Künstlerinnen in vier Jahrhunderten. Leipzig 1984
Lehr, Ursula, In: Der Knaur, Band 5, 2. Aufl. 1992, S. 1658f.
Lexikographisches Institut: Der Knaur, Universallexikon in 15 Bänden, Band 5, 2. Aufl. München 1992
Lipp, Carola: Schimpfende Weiber und patriotische Jungfrauen, Frauen im Vormärz und in der Revolution 1848/49. Bühl-Moos 1989
Lissner, Anneliese, u. a. (Hrsg.): Frauenlexikon: Traditionen, Fakten, Perspektiven. Freiburg / Basel / Wien 1988
Löwenthal, Leo: Das bürgerliche Bewußtsein in der Literatur, Schriften 2, 6. Aufl. Frankfurt a. M. 1995
Martini, Fritz (Hrsg.): Deutsche Literaturgeschichte, 8. Aufl. Stuttgart 1957
Milhoffer, Petra: Familie und Klasse, Ein Beitrag zu den politischen Konsequenzen familialer Sozialisation. Frankfurt a. M. 1973
Mitscherlich, Margarete: Die friedfertige Frau. Frankfurt a. M. 1994
Möhrmann, Renate (Hrsg.): Frauenemanzipation im deutschen Vormärz. Stuttgart 1989
Möhrmann, Renate: Die andere Frau, Emanzipationsansätze deutscher Schriftstellerinnen im Vorfeld der 48er Revolution. Stuttgart 1977
Möller, Jürgen (Hrsg.): „Ich hoffe, der Himmel wird Deutschland erhalten." Das 19. Jahrhundert in Briefen. München 1990
Nationale Forschungs- und Gedenkstätten der klassischen deutschen Literatur in Weimar (Hrsg.): Heines Briefe in einem Band. Berlin / Weimar 1989
Nave-Herz, Rosemarie: Die Geschichte der Frauenbewegung in Deutschland. Hannover 1989
Niethammer, Lutz u. a. (Hrsg.): Bürgerliche Gesellschaft in Deutschland. Frankfurt a. M. 1990
Noelle-Neumann, E., Winfried Schulz, Jürgen Wilke (Hrsg.): Fischer Lexikon Publizistik, Massenkommunikation. Frankfurt a. M. 1989
Öffentliche Vortragsreihe an der Universität Bremen: Familie und Stellung der Frau in der bürgerlichen Gesellschaft. Bremen (Mai/Juni) 1979
Othenin-Girard, Mireille, Anna Gossenreiter, Sabine Trautweiler (Hrsg.): Frauen und Öffentlichkeit, Beiträge der 6. Schweizerischen Historikerinnentagung. Zürich 1991

Pazi, Margarita: Fanny Lewald Stahr (1811-1889): Eine bruchlose Assimilation? In: Eijiro Iwasaki (Hrsg.): Begegnung mit dem „Fremden", Grenzen - Traditionen - Vergleiche, Band 11, Akten des VIII. Internationalen Germanistenkongresses. Tokyo 1990

Potts, Lydia: Aufbruch und Abenteuer, Frauen-Reisen um die Welt ab 1785. Frankfurt a. M. 1995

Prokop, Ulrike: Die Illusion vom großen Paar, Band 1: Weibliche Lebensentwürfe im deutschen Bildungsbürgertum 1750-1770, Band 2: Das Tagebuch der Cornelia Goethe. Frankfurt a. M. 1991

Reinhold, Gerd;Siegfried Lamnek; Helga Recker: Soziologie-Lexikon. München 1991

Rheinberg, Brigitta van: Fanny Lewald, Geschichte einer Emanzipation. Frankfurt a. M. / New York 1990

Rommelspacher, Birgit: Mitmenschlichkeit und Unterwerfung. Zur Ambivalenz weiblicher Moral. Frankfurt a. M. 1992

Ronneberger, Franz (Hrsg.): Autonomes Handeln als personale und gesellschaftliche Aufgabe. Opladen 1980

Salzer A., E. v. Tunk: Illustrierte Geschichte der Deutschen Literatur in 6 Bänden, Band IV: Vom Jungen Deutschland bis zum Naturalismus. Köln o.J.

Schlüpmann, Grete: Fanny Lewalds Stellung zur sozialen Frage, Dissertation. Münster 1920

Schneider, Gabriele: Fanny Lewald. Reinbek 1996

Schütz, Hans J.: Juden in der deutschen Literatur. Eine deutsch-jüdische Literaturgeschichte im Überblick. München 1992

Segebarth, Ruth: Fanny Lewald und ihre Auffassung von der Liebe und Ehe, Dissertation. München 1922

Siemann, Wolfram: Die deutsche Revolution von 1848/49. Frankfurt a. M. 1996

Simmel, Monika: Erziehung zum Weibe, Mädchenbildung im 19. Jahrhundert. Frankfurt a. M. 1980

Spickernagel, Ellen: Die Macht des Innenraums. Zum Verhältnis von Frauenrolle und Wohnkultur in der Biedermeierzeit. In: Kritische Berichte, Jg. 13, Heft 3. Gießen 1985

Spickernagel, Ellen, Vittoria Caldoni: Vom Aufstieg und Fall des weiblichen Modells im frühen 19. Jahrhundert, In: Feministische Studien, 13. Jg., November 1995, Nr. 2

Steinhauer, Marieluise: Fanny Lewald, die deutsche George Sand - Ein Kapitel aus der Geschichte des Frauenromans im 19. Jahrhundert, Dissertation. Berlin 1937

Stern, Carola: Der Text meines Lebens, Das Leben der Rahel Varnhagen. Reinbek 1994

Sternberger, Günter (Hrsg.): Die Juden. Ein historisches Lesebuch. München 1995

Tebben, Karin: Literarische Intimität, Subjektkonstitution und Erzählstruktur in autobiographischen Texten von Frauen. Tübingen / Basel 1997

Venske, Regula: Ach Fanny, Vom jüdischen Mädchen zur preußischen Schriftstellerin: Fanny Lewald. Berlin (West) 1988

Venske, Regula: Alltag und Emanzipation, Eine Untersuchung über die Romanautorin Fanny Lewald, unveröffentlicht. Hamburg 1981

Venske, Regula: Fanny Lewald - Jüdische Preußin, Preußische Feministin, die deutsche George Sand? In: Fanny Lewald, Meine Lebensgeschichte. Band 3: Befreiung und Wanderleben, hrsg. v. Ulrike Helmer. Frankfurt a. M. 1989

Weber, Marta: Fanny Lewald (Motto: Laß dich gelüsten nach der Männer Bildung, Kunst, Weisheit und Ehre! Schleiermacher), Dissertation. Zürich 1921

Weber-Kellermann, Ingeborg: Die deutsche Familie, Versuch einer Sozialgeschichte, 14. Aufl. Frankfurt a. M. 1992

Wehler, Hans-Ulrich: Deutsche Gesellschaftsgeschichte 1815 bis 1845/49, 2. Band. München 1987

Wilpert, Gero von: Lexikon der Weltliteratur, Band I: Autoren, 3. Aufl. Stuttgart 1988

Die Gastgeberin und ihre Gäste

Fanny Lewald 1846, Gemälde von Elisabeth Baumann-Jerichau

Gästeliste:

1) d'Agoult, Cosima (spätere von Bülow und Wagner) und Blandine. Töchter Liszts. (A. Stahr, *Nachlaß*, S. LXVI; vgl. F. Lewald, *Zwölf Bilder*, S. 373.)
2) Althoff, Hermann, Freund des Ehepaars Lewald-Stahr. Schriftsteller und Arzt, lebte lange in Amerika. (A. Stahr, *Nachlaß*, S. LI; F. Lewald, *Gefühltes und Gedachtes*, S. 237.)
3) Arnim, Bettine von. Schriftstellerin. Adolf Stahr hatte eine Schrift über Bettines *Königsbuch* verfaßt. Mit Tochter Gisela, später Frau Herman Grimms. (F. Lewald/Großherzog Carl Alexander von Sachsen-Weimar, *Briefe*, Bd. 1, S. 14.)
4) Artôt, Désirée. Sängerin. Mit ihrer Mutter, der Frau des belgischen Hornisten Jean Désiré Artôt. (A. Stahr, *Nachlaß*, S. 153.)
5) Assing, Ludmilla. Schriftstellerin. Cousine Fanny Lewalds (Fanny Lewald mochte Ludmilla aber nicht sonderlich: „Sie sagen das Böse nicht, aber sie insinuieren es. Varnhagen und Ludmilla gehören zu diesem Kaliber, und darum waren sie mir von je so widerwärtig." F. Lewald, *Gefühltes und Gedachtes*, S. 51). (Vgl. A. Stahr, *Nachlaß*, S. LXVI; F. Lewald/Großherzog Carl Alexander von Sachsen-Weimar, *Briefe*, Bd. 2, S. 43, 46—47.)

6) Auerbach, Berthold. Schriftsteller. (F. Lewald, *Meine Lebensgeschichte*, Bd. 3, S. 367. und *Gefühltes und Gedachtes*, S. 391, vgl. S. 171.)
7) Bacheracht, Therese von. Schriftstellerin, Freundin Gutzkows, auch Freundin Fanny Lewalds. Reiste mit ihr 1848 nach Paris. (K. Frenzel, *Erinnerungen und Strömungen*, S. 152; L. Gurlitt, *Louis Gurlitt*; F. Lewald, *Meine Lebensgeschichte*, Bd. 3, häufig erwähnt; vgl. K. Gutzkow, *Briefe* und A. von [Ungern-]Sternberg, *Erinnerungsblätter*, S. 220.)
8) Bamberg, Felix. Konsul, Schriftsteller und Publizist. (A. Stahr, *Nachlaß*, S. LXV.)
9) Bamberger, Ludwig. Politiker, Finanzfachmann. (Q: L. Bamberger, *Bismarcks großes Spiel*, S. 262; F. Lewald/Großherzog Carl Alexander von Sachsen-Weimar, *Briefe*, Bd. 2, S. 47.)
10) Baum, Katharine. Sängerin. (J. Jacoby, *Briefe*, S. 666; vgl. F. Lewald, *Gefühltes und Gedachtes*, S. 216 f.)
11) Beitzke, Heinrich. Major und Militärhistoriker. Mitglied des preußischen Abgeordnetenhauses. (F. Lewald/Großherzog Carl Alexander von Sachsen-Weimar, *Briefe*, Bd. 1, S. 152—153.)
12) Bergmann, Ernst von. Professor der Medizin, Chirurg. Gehörte zumindest zu den treuen Lesern Fanny Lewalds. (Vgl. a. a. O., Bd. 2, S. 187, auch S. 49.)
13) Bock, Wilhelmine von. Die frühere Sängerin Schröder-Devrient. (F. Lewald, *Zwölf Bilder*, S. 35—63; H. von Bülow, *Briefe*, Bd. 2, S. 125.)
14) Brünneck, Karl Otto Magnus. Preußischer liberaler Politiker. (Vgl. A. Stahr, *Nachlaß*, S. 143.)
15) Bülow, Hans von. Pianist, Dirigent. (*A. a. O.*, S. LXVI; vgl. Q: H. Bülow, *Briefe*, Bd. 2, S. 125.)
16) Carl Alexander Großherzog von Sachsen-Weimar. Zu Gast bei Fanny Lewald, wenn er sich in Berlin aufhielt. Langjähriger Korrespondent Fanny Lewalds. (Q: F. Lewald/Großherzog Carl Alexander von Sachsen-Weimar, *Briefe*, z. B. Bd. 2, S. 36.)
17) Crelinger, Louis. Justizrat. Ermutigte Fanny Lewald zu ihrer schriftstellerischen Tätigkeit. (M. Ring, *Erinnerungen*, Bd. 2, S. 17—18.)
18) Döring, Theodor [eigentlich Hering]. Schauspieler. Freund des Ehepaars Lewald-Stahr. (F. Lewald, *Zwölf Bilder*, S. 107—119; dies., *Gefühltes und Gedachtes*, S. 286; F. Lewald/Großherzog Carl Alexander von Sachsen-Weimar, *Briefe*, Bd. 1, S. 177.)
19) Dohrn, Anton. Professor der Zoologie. Gründer der zoologischen Station Neapel. (K. von Schlözer, *Amerikanische Briefe*, S. 155—156; A. Stahr, *Nachlaß*, S. LI; F. Lewald, *Gefühltes und Gedachtes*, S. 297 u. ö.)
20) Duncker, Franz. Verleger, Politiker. Seine Ehefrau Lina Duncker führte einen Salon. (H. Spiero, Einführung zu F. Lewald, *Die Familie Darner*, S. 13.)
21) Ebers, Georg. Archäologe. Verfasser historischer Romane. (F. Lewald/Großherzog Carl Alexander von Sachsen-Weimar, *Briefe*, Bd. 1, S. 181, Bd. 2, S. 186.)
22) Eliot, George [eigentlich Mary Ann Evans]. Englische Schriftstellerin. (Q: George Eliot, *Letters*, Bd. 2, S. 191.)
23) Fontane, Theodor. Dichter und Schriftsteller. Mit Fanny Lewald bekannt, literarische Meinungsverschiedenheiten, erst in den 1880er Jahren wieder Annäherung. Selten oder nicht im Salon Fanny Lewalds. (Vgl. J. Krueger, *Zu den Beziehungen*

zwischen Theodor Fontane und Fanny Lewald, S. 615—628; vgl. Th. Fontane/
B. Lepel, Ein Freundschafts-Briefwechsel.)
24) Frenzel, Karl. Schriftsteller. (Q: K. Frenzel, Erinnerungen und Strömungen, S. 152—153; F. Lewald, Gefühltes und Gedachtes, S. 189—190.)
25) Fröbel, Julius. Demokratischer Politiker und Publizist. (Q: J. Fröbel, Ein Lebenslauf, Bd. 2, S. 68—69, vgl. Bd. 1, S. 274.)
26) Geiger, Ludwig. Literatur- und Kulturhistoriker. Herausgeber des Goethe-Jahrbuchs. Geiger gab auch das Tagebuch Fanny Lewalds heraus. Er zählte wahrscheinlich zum Gästekreis. (Vgl. F. Lewald/Großherzog Carl Alexander von Sachsen-Weimar, Briefe, Bd. 2, S. 128.)
27) Gentz, Wilhelm. Maler. (A. Stahr, Nachlaß, S. LXVII.)
28) Gentz, Herr. Senator aus Ruppin. (A. a. O., S. 153.)
29) Gierke, Otto von. Professor der Rechtswissenschaft. (A. a. O., S. LXVII; vgl. F. Lewald, Gefühltes und Gedachtes, S. 168—169.)
30) Graef, Gustav. Maler. Mit Frau Franziska. Salonartige Geselligkeit. Wahrscheinlich zählten sie zum Gästekreis. Beide kamen, wie Fanny Lewald, aus Königsberg; sie hatten auch in Berlin viele gemeinsame Bekannte. (Vgl. S. Lepsius, Über das Aussterben der „Salons", S. 225—226. Sabine Lepsius war die Tochter der Graefs.)
31) Gurlitt, Louis. Maler. Mit Familie. Seine Frau Else war eine Schwester Fanny Lewalds. Neffen Fanny Lewalds waren der Kunsthistoriker Cornelius Gurlitt, der Pädagoge und Schulreformer Ludwig Gurlitt sowie der Begründer eines bekannten Berliner Kunstsalons, Fritz Gurlitt. (Q: L. Gurlitt, Louis Gurlitt. Ein Künstlerleben, S. 467, 470 u. ö.)
32) Gutzkow, Karl. Dichter und Schriftsteller. Durch Therese von Bacheracht in naher Bekanntschaft, gehörte aber nicht zu den Habitués. (Vgl. F. Lewald/Großherzog Carl Alexander von Sachsen-Weimar, Briefe, Bd. 1, S. 54.)
33) Haeckel, Ernst. Privatdozent der Zoologie und Naturphilosoph. Er war im Hause Lewald-Stahr schon Habitué, bevor er berühmt wurde. (F. Lewald/Großherzog Carl Alexander von Sachsen-Weimar, Briefe, Bd. 1, S. 181—182; F. Lewald, Gefühltes und Gedachtes, S. 82.)
34) Hamilton, Andrew. Schriftsteller [?]. (F. Lewald/Großherzog Carl Alexander von Sachsen-Weimar, Briefe, Bd. 2, S. 33.)
35) Hanslick, Eduard. Musikschriftsteller und Musikkritiker. (A. Stahr, Nachlaß, S. LXV.)
36) Hauenschild, Georg von. Pseudonym Max Waldau. Schriftsteller und Dichter. (Vgl. Ludwig Geiger, Max Waldau und Adolf Stahr, S. 390—415.)
37) Hehn, Victor von. Kultur- und Literaturhistoriker. (Vgl. F. Lewald, Briefe an Hehn, Deutsches Literaturarchiv Marbach, Cotta/Nachlaß Hehn, z. B. Nr. E 170, 22. April 1880, und Nr. E 173, 26. Mai 1884.)
38) Helmholtz, Anna von. Salon. (F. Lewald, Briefe an Hehn, a. a. O., Nr. E 170, 22. April 1880; vgl. auch A. von Helmholtz, Ein Lebensbild, Bd. 1, S. 176 und 178.)
39) Hettner, Hermann. Literatur- und Kunsthistoriker. (R. Göhler [Hrsg.], Aus dem Nachlaß von Fanny Lewald und Adolf Stahr, S. 176—248; vgl. Hermann Hettners Nachlaß, II, hrsg. von E. Glaser-Gerhard, S. 410—471.)
40) Heyse, Paul. Dichter und Schriftsteller. (Q: Der Briefwechsel von Paul Heyse und Fanny Lewald, hrsg. von R. Göhler, S. 274—285 und 410—441.)

41) Hiller, Ferdinand (von). Komponist, Pianist. War mit Fanny Lewald bekannt, evtl. über das Haus Mendelssohn-Hensel. (Q: F. Hiller, *Briefwechsel*, Bd. 4, S. 22.)
42) Hilty, Karl. Professor des Staatsrechts und Moralphilosoph aus der Schweiz. Wenn er sich in Berlin aufhielt, besuchte er den Salon Fanny Lewalds. (J. Jacoby, *Briefwechsel*, S. 503.)
43) Holtei, Karl von. Dichter und Schriftsteller. Er zählte vielleicht zu den Gästen. Fanny Lewald lernte ihn schon Ende der 30er Jahre in Königsberg kennen, wo er im Hause ihres Vaters verkehrte. (F. Lewald, *Meine Lebensgeschichte*, Bd. 2, S. 224—225.)
44) Hülsen, Helene von. Schriftstellerin. Salon. (F. Lewald, *Gefühltes und Gedachtes*, S. 373.)
45) Jacoby, Johann. Mediziner, Politiker. Linksliberaler Demokrat, seit 1872 Sozialdemokrat. Wie Fanny Lewald aus Königsberg. (Q: J. Jacoby, *Briefwechsel*, hrsg. von E. Silberner, z. B. S. 569—570; vgl. F. Lewald, *Zwölf Bilder*, S. 292—294.)
46) Jung, Georg. Vater der Salonnière Anna vom Rath. Jurist, Politiker und Publizist. 1848 an der Spitze des demokratischen „Lindenclubs", Mitglied der preußischen Nationalversammlung. (Vgl. A. Stahr, *Nachlaß*, S. 289.)
47) Keller, Gottfried. Dichter und Schriftsteller. Verkehrte 1850/51 bei Fanny Lewald, zog sich dann — wie von anderen literarischen Zirkeln — wieder zurück. (Q: G. Keller, *Briefe*, hrsg. von C. Helbling, Bd. 1, S. 314 und 319—320, Bd. 2, S. 162—163 u. ö.)
48) Kirchmann, Julius von. Jurist. Politiker und Philosoph. Mit Frau und Tochter. (A. Stahr, *Nachlaß*, S. 289 und 343.)
49) Kühne, Gustav. Mit Frau. Schriftsteller. Sie verkehrten vor und wahrscheinlich auch nach der Salongründung bei Fanny Lewald. (*A. a. O.*, S. 143.)
50) Lasker, Eduard. Schriftsteller und liberaler Parlamentarier. (*A. a. O.*, S. 289 und S. 343.)
51) Lassalle, Ferdinand. Advokat, Schriftsteller und Gründer des „Allgemeinen deutschen Arbeitervereins". (Q: *Briefe Lassalles an Adolf Stahr und Fanny Lewald-Stahr*, hrsg. von H. Oncken, S. 233—241 und 360—369. Vgl. *Lassalles Briefwechsel*, hrsg. von G. Mayer, sowie J. Jacoby, *Briefe*, hrsg. von E. Silberner, S. 258.)
52) Lepel, Bernhard von. Dichter. War mit Fanny Lewald bekannt, zumindest in der Zeit vor der Gründung ihres Salons. Kein häufiger Gast. (Vgl. J. Krueger, *Zu den Beziehungen zwischen Theodor Fontane und Fanny Lewald*, sowie Briefwechsel Th. Fontane/B. Lepel, *Ein Freundschafts-Briefwechsel*, Bd. 2, z. B. S. 75 und 126.)
53) Lewald, Theodor. Neffe Fanny Lewalds. Später Staatssekretär im Reichsamt des Innern. Hat gelegentlich in ihrem Hause verkehrt.
54) Lewes, George Henry. Englischer Schriftsteller, Lebensgefährte von George Eliot. (G. Eliot, *Letters*, Bd. 2, S. 191. Vgl. A. Stahr, *Nachlaß*, S. 314.)
55) Lindau, Paul. Schriftsteller, Bühnendichter. (Vgl. F. Lewald, *Briefe an Paul Lindau*, Deutsches Literaturarchiv Marbach, A: Lindau, z. B. Nr. 59.743/3 vom 15. April 1880.)
56) Liszt, Daniel. Sohn Franz Liszts. (F. Lewald, *Zwölf Bilder*, S. 373—374.)
57) Liszt, Franz. Pianist und Komponist. Mit Stahr-Lewalds befreundet. Trafen sich meist in Weimar, gelegentlich auch in Berlin. (*A. a. O.*, S. 333, 368—369; vgl. F. Liszt, *Briefe an die Fürstin Wittgenstein*, hrsg. von La Mara, Bd. 1 [= 4], S. 290; sowie A. Stahr, *Nachlaß*, S. 342.)

58) Lobedan, Helene. Mit zwei Töchtern. Schriftstellerin und Übersetzerin. (A. Stahr, *Nachlaß*, S. 289; J. Jacoby, *Briefe*, S. 305.)
59) Lübke, Wilhelm. Professor der Kunstgeschichte. (F. Lewald, *Gefühltes und Gedachtes*, S. 132, 134 und 389.)
60) Marchand. George. Mit Frau. Getreidegroßhändler. Belgischer Konsul in Stettin. (F. Lewald/Großherzog Carl Alexander von Sachsen-Weimar, *Briefe*, Bd. 2, S. 52; A. Stahr, *Nachlaß*, S. 289; vgl. J. Jacoby, *Briefe*, S. 545, Anm. 9.)
61) Marx, Adolph Bernhard. Musikschriftsteller und Komponist. (Q: A. B. Marx, *Erinnerungen*, Bd. 1, S. 199—200.)
62) Meyer, Babette. Später Frau des Malers Stanislaus Graf von Kalckreuth. Salon. Zu Gast bei Lewald-Stahrs mit ihrer Mutter. (A. Stahr, *Nachlaß*, S. 289.)
63) Mosen, Julius. Schriftsteller. Freund Adolf Stahrs. (*A. a. O.*, S. 289.)
64) Mosenthal, Salomon. Dichter. (*Aus dem Nachlaß von Fanny Lewald und Adolf Stahr... Briefe*, hrsg. von R. Göhler, S. 246.)
65) Mügge, Theodor. Schriftsteller und Publizist. (A. Stahr, *Nachlaß*, S. LXVI und S. 155; J. Jacoby, *Briefe*, S. 57.)
66) Mundt-Mühlbach, Clara. Schriftstellerin. Salon. Sie war sehr gut mit Fanny Lewald bekannt. (Vgl. z. B. F. Lewald, *Zwölf Bilder*, S. 295.)
67) Neumann, Franz Ernst. Professor der Physik in Königsberg. (J. Jacoby, *Briefe*, S. 305.)
— Niemann-Seebach, siehe Seebach.
68) Olfers, Hedwig von. Salon. (F. Lewald/Großherzog Carl Alexander von Sachsen-Weimar, *Briefe*, Bd. 2, S. 101 und 179—180; F. Lewald, *Gefühltes und Gedachtes*, S. 373; M. von Olfers, *Briefe*, Bd. 2, S. 167; Q: H. von Olfers, *Ein Lebenslauf*, Bd. 2, S. 518, 581 u. ö.)
69) Olfers, Marie von. Schriftstellerin, Malerin. Salon. (Q: M. von Olfers, *Briefe*, Bd. 2, S. 149, 159 und 167; F. Lewald/Großherzog Carl Alexander von Sachsen-Weimar, *Briefe*, Bd. 2, S. 101.)
70) Oppenheim, Heinrich Bernhard. Jurist. Liberaler Politiker. (*Lassalles Briefwechsel*, hrsg. von G. Mayer, Bd. 2, S. 209—210; J. Jacoby, *Briefe*, S. 305.)
71) Palleske, Emil. Schauspieler und Literaturhistoriker. (R. Göhler, *Emil Palleskes Beziehungen zu Adolf und Fanny Stahr-Lewald*, S. 350—359.)
72) Pfuel, Ernst von. Preußischer General, liberaler Politiker, 1848 preußischer Ministerpräsident. (J. Jacoby, *Briefe*, S. 265 und 542.)
73) Pietsch, Ludwig. Illustrator, Journalist, Schriftsteller. Er zählte wahrscheinlich zum Gästekreis. (Vgl. L. Pietsch, *Wie ich Schriftsteller geworden bin*, Bd. 1, S. 224.)
74) Plockhorst, Bernhard. Maler. Professor an der Weimarer Kunstschule. (F. Lewald/ Großherzog Carl Alexander von Sachsen-Weimar, *Briefe*, Bd. 2, S. 33.)
75) Pückler-Muskau, Hermann Fürst von. Schriftsteller, Gartenkünstler. (F. Lewald, *Zwölf Bilder*, S. 292—294; dies., *Gefühltes und Gedachtes*, S. 240—241.)
76) Richter, Gustav. Maler. Mit Frau Cornelie geb. Meyerbeer. Salon. (L. Spiero, Einführung zu *Die Familie Darner*, S. 12; vgl. F. Lewald, *Zwölf Bilder*, S. 126—156: *Gustav Richter*.)
77) Ruge, Arnold. Publizist. (Q: Vgl. A. Ruge, *Briefwechsel*, Bd. 2: Korrespondenz mit Fanny Lewald, z. B. 18. Mai 1852 und 7. März 1870; *ADB*, 35, Artikel über Fanny Lewald, S. 404.)

STRASSENVERZEICHNIS DER BERLINER SALONS

In dieser Liste werden, sofern bekannt, die Adressen der Salons bis 1914 aufgeführt. Die Namen der Salonnièren sind chronologisch angeordnet. Einzelne wichtige, im Text und im Register der Salonnièren erwähnte Salons der zwanziger Jahre erscheinen in Klammern.

Berlin(-Zentrum):
Achenbachstraße .... Lebbin
Albrechtstraße .... Mundt-Mühlbach
Alsenstraße .... Delbrück
Behrenstraße .... Bernstorff, Helvig, E. Lepsius, Rohr,
                                           Mundt-Mühlbach, Fürstenberg
Bellevuestraße .... Oriola, Rath, Richter, Fürstenberg
Bendlerstraße .... E. Lepsius, Lewald, Lebbin
Bernburgerstraße .... Treskow
Bismarckstraße .... Harrach, Gröben
Bülowstraße .... Oriola
Cantianstraße .... H. v. Olfers, Paalzow
Carlstraße .... Mundt-Mühlbach
Charlottenstraße .... Levin-Varnhagen, Staegemann, Mundt-Mühlbach
Corneliusstraße .... Bunsen, Dohme
Dessauer Straße .... Ahlefeld
Dönhoffplatz .... Staegemann
Dorotheenstraße .... Arnim, Biron, Rossi, Hohenhausen(-Rüdiger)
Französische Straße .... Varnhagen, Bardua, Hülsen
Friedrichstraße .... Kugler, Menzel
Friedrichstraße, Neue .... Herz
Genthiner Straße .... Begas-von Parmentier
Grabenstraße siehe Königin-Augusta-Straße
Von-der-Heydt-Straße .... Duncker
Hohenzollernstraße .... Pommer-Esche
Jägerstraße .... Levin-Varnhagen, Staegemann, Beguelin, Bardua, Solmar
Johannisstraße .... Duncker
Am Karlsbad .... Lebbin
Kemperhof .... Pommer-Esche
Kochstraße .... Reimer
Königgrätzer Straße, früher Schulgartenstraße .... Ahlefeld, Hülsen
Königin-Augusta-Straße, früher Grabenstraße .... E. Lepsius, Helmholtz,
                                                                Bunsen
Königsplatz, später Platz der Republik .... Schlippenbach
Köthener Straße .... Arnim

133

Straße	Personen
Krausenstraße	Hohenhausen (geb. von Ochs)
Kronenstraße	Bardua
(Kurfürstendamm	Kardorff-Oheimb)
Kurstraße	Sander
Landgrafenstraße	Hohenhausen(-Rüdiger)
Leipziger Platz	Lewald, Treskow, Schleinitz-Wolkenstein (Palasthotel)
Leipziger Straße	Mendelssohn-Bartholdy/Hensel (später Herrenhaus)
Lennéstraße	Bardua, Bernstein
Unter den Linden	Lichtenau, Dorothea Herzogin von Kurland (später Russische Botschaft), Crayen, Voß, Recke, Bernstorff, Hohenhausen (geb. von Ochs), Humboldt, Arnim, Richter, Parlaghy
Lützowplatz	Graef, Simrock
Luisenstraße	Treskow
Maaßenstraße	Vely, (Nostitz)
Magdeburger Straße	Spitzemberg
Margaretenstraße	H. von Olfers, M. von Olfers
Marienstraße	Mundt-Mühlbach
Markgrafenstraße	Herz
Matthäikirchstraße und Matthäikirchplatz	Lewald, Curtius, (Kardorff-Oheimb)
Mauerstraße	Varnhagen, Assing, E. von Schwabach
Mohrenstraße	Lichtenau
An der Moltkebrücke	Pommer-Esche
Münzstraße	Ph. Cohen
Niederlagstraße [Niederwallstraße?]	Paalzow
Nollendorfplatz	Arnswaldt
Hinter dem Neuen Packhof	Levy, H. von Olfers, Arnim, Pommer-Esche
Pariser Platz	Meyerbeer, M. Radziwill
Philippstraße	Dumont
Potsdamer Chaussee	Ahlefeld
Potsdamer Straße	Duncker, Oriola, Lipperheide, Spitzemberg, Dohm
Rauchstraße	Helmholtz
Regentenstraße	Solmar, M. von Olfers
Roonstraße	Delbrück
Schiffbauerdamm	Graef
Am Schöneberger Ufer	M. von Olfers
Schulgartenstraße siehe Königgrätzer Straße	
Spandauer Straße	Herz, Beer
Steglitzer Straße	Kirschner
Stülerstraße	Bernstein
Taubenstraße	Bardua
Tiergartenstraße	Herz (Sommerwohnung), Beer („im Tiergarten", evtl. auch In den Zelten?), Hansemann, Dohm, E. von Schwabach
Uhlandstraße	Lebbin
Viktoriastraße	Meyer/Kalckreuth, Rath, Fürstenberg, M. von Olfers
Weidendamm	Paalzow

Wilhelmsplatz	L. Schwabach
Wilhelmstraße	L. Radziwill, Bernstorff, Schwerin, Wildenbruch, M. Radziwill (später Palais des Reichskanzlers), Schleinitz, W. Perponcher, Lebbin, Delbrück, Bülow
Wilhelmstraße, Neue	Helmholtz
In den Zelten	Arnim, Bernstein, Wesendonk

Charlottenburg, westlich der Uhlandstraße:

Ahornallee	S. Lepsius
Kantstraße	S. Lepsius
Marchstraße	Helmholtz

Großlichterfelde:

Steinackerstraße	Becker-Kirchbach

Zehlendorf West:

(Goethestraße	Nostitz)

Grunewald:

(Cronbergstraße [evtl. Kronberger Straße?]	Andreae)
Königsallee	Fürstenberg

Wannsee:

Kleine Seestraße	Richter

Quelle der Gäste- und Straßenliste: Petra Wilhelmi. Der Berliner Salon im 19. Jahrhundert. Berlin 1989.